산상수훈을 통한
예수님의 기도교육

산상수훈을 통한
예수님의 기도교육

김정복 목사 지음

보이스사

추 천 사

김희수 목사
샌디에고 베델교회 담임목사(미국, CA)

　이번 존애(尊愛)하는 신앙의 스승이요, 멘토이신 김정복 목사님께서 예수님의 기도교육이라는 귀한 책을 내게 됨을 진심으로 축하드립니다.
　본서는 예수님의 산상수훈을 말씀의 눈으로 깊이 조명하여 파고들어간 책입니다. 예수님의 산상수훈에 담겨져 있는 주옥과도 같은 깊은 신앙의 보화들을 다른 성경의 말씀들과 함께 연결하여 파헤쳐 내셨습니다. 어찌 보면 산상수훈을 통해 성경 전체의 맥을 뚫은 책이라고 볼 수 있겠습니다.
　성경을 연구하는 학생들이나 저같이 매주 설교가 버겁게 느껴지는 목회자들에게 소중하게 쓰임 받는 귀한 양서가 될 것을 확신하며 기쁨으로 추천합니다.

추 천 사

양봉석 목사
돋는 해 교회 담임목사(한국, 서울)

　1966년, 철없던 고등학생시절에 학생신앙단체(Hccc)에서 만난 김정복 간사님!(당시), 믿음도 없었던 저에게 열정적으로 복음을 전해주시고 눈물로 기도해주셔서 예수님 만나게 해주신 것만도 고마운데 그 이후로 46년이란 긴 세월동안 변치 않는 사랑으로 지도해 주신 고마우신 스승님께서 심혈을 기울여서 집필하신 본서의 추천서를 쓸 수 있는 기회까지 부족한 제자에게 주시니 너무나 감사드립니다.

　먼저 책 제목을 보고 "산상수훈을 통하여 예수님께서 어떻게 기도교육을 시키셨을까?"하는 궁금증을 갖게 되는데, 그 궁금증은 책을 다 읽고 나면 시원하게 해소됩니다.

　제1과 "8복을 통한 기도교육" 부터 제25과 "내 아버지의 뜻대로 행하는 자"까지의 모든 내용을 읽어 내려가면 결국은 우리가 신앙생활을 제대로 하려면 열심히 기도해야 되겠구나 하는 생각이 자연스럽게 들게 됩니다.

　열심히 기도하지 않으면 예수님께서 산상수훈에서 가르쳐 주신 가장 기본적인 신앙생활을 할 수 없다는 결론에 도달할 수 있게 되며, 이런 확신이 들도록 성경 전체에 흩어져 있는 주옥같은 관련 성구들을 적절하게 인용함으로서 독자들이 그 근거를 쉽게 찾을 수 있는 것도 본서의 큰 장점이라고 하겠습니다.

또한 이 책을 읽는 도중에 그동안 신앙생활을 해오면서 기도에 관해서 갖고 있었던 여러 가지 의문점들이 시원하게 풀리는 기쁨을 맛볼 수 있게 될 것입니다.

"기도학(Prayerology)"의 대가이신 저자의 다른 저서들과 마찬가지로 본서도 역시 모든 성도들에게 기도를 올바로 배울 수 있는 기본서로서 감히 추천하고 싶습니다.

본서를 가까이 두고 수시로 읽고 실천하다보면 기도중심, 말씀중심으로 하나님의 영광을 위해서 거룩하게 살 수 있게 될 것을 확신합니다.

추천사

이영근 목사
일심비전교회 담임목사(한국, 안양)

　산상수훈을 통한 예수님의 기도교육을 쓰신 김정복 목사님은 기도교육의 교사이십니다.
　에스라가 율법을 연구하며 준행하며 가르치기를 결심한 것처럼 김정복 목사님은 기도를 연구하며 기도를 실천하며 기도를 가르치십니다.
　이 책은 마태복음 5장 6장 7장에 나타난 예수님의 산상수훈을 기도로 관련시킨 귀한 내용입니다. 이 책을 읽고 있으면 세상의 잡다한 소리가 들리지 않습니다. 우리의 마음과 생각이 하나님의 말씀으로 정결되어 짐을 느낍니다. 말씀이 나를 기도로 끌고 들어갑니다. 또 기도가 말씀으로 연결되면서 삶을 경건하게 합니다. 이 책의 매 과마다 반복되어지는 "말씀과 기도로 거룩하여 짐이니라"(딤전4:5)는 말씀은, 우리의 기도는 말씀과 기도의 균형으로 되어야 함을 강조하는 말씀입니다. 이 책은 산상수훈을 공부하게 할 뿐만 아니라 각 장마다 무릎으로 읽게 하는 책입니다.
　목회자, 신학생, 그리고 성경적 기도를 알고 싶어 하시는 모든 교우들에게 산상수훈과 관련하여 기도를 새롭게 할 수 있는 귀한 책임을 확신하고 강력히 추천하는 바입니다.

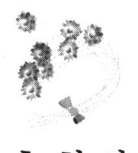

추 천 사

임동선 목사
월드미션대학교 총장(미국, LA)

　본인이 사랑하고 존경하는 국제기도학교 대표 김정복 교수께서 금번에 산상수훈을 통한 "예수님의 기도교육"이란 책을 저술하여 출간하게 됨을 진심으로 기뻐합니다. 일찍이 러시아의 문호 톨스토이는 신구약 66권이 모두 없어진다 해도 예수님께서 말씀한 산상수훈만은 영원히 남을 것이라고 말했습니다.

　오늘날 교계를 살펴볼 때, 기도가 적고, 또 건전치 못한 기도의 책자가 많이 있는 이때에, 지구촌 전역을 순방하며 심혈을 기울여서 기도학을 가르치고 있는 김정복 교수께서 신구약을 통칭해서 나타난 기도에 대하여 깊이 연구하고, 예수님의 기도에 대하여 명쾌하고도 심도있게 연구 발표하게 된 것을 감사하게 생각합니다.

　기도는 주님께서 친히 모본을 보여주셨고(막 4:16), 제자들에게 너희가 나와 같이 못함은 기도가 부족한 까닭(막 9:29)이라고 했습니다. 기독교 역사에 큰일을 한 사람들은 모두가 기도를 많이 한 사람들입니다. 기독교의 역사학자 에반스 박사는 말하기를 바울의 능력있는 설교와 성공적 선교 사업은 그의 지식에 있는 것이 아니라 그의 기도의 능력이라고 했습니다. 성경인물 중 모세는 두 번에 걸쳐 40일 금식기도를 하였고, 구세군의 창설자 부스대장은 하루에 8시간 기도하였을 뿐 아니라, 마틴 루터는 하루에 3시간, 칼빈과 웨슬레는 하루에 2시간 기도하는 기도의 용사들이었습니다.

오늘날 많은 주님의 종들과 신자들이 참된 기도를 원하고 있으나 기도의 제목과 내용, 방법 등을 정확히 찾아 알고 기도하는 사람들이 실제로 적습니다. 금번 저자가 쓴 책 중에서 천국 보물을 도적맞은 성도들 9가지(p.155), 보물을 하늘에 쌓아두는 법 3가지(p.158)를 소개하고 있습니다. 또한 금식기도에 대해서도, 잘못된 금식기도로 본인에게도 잘못된 신앙과 또 교회에 부덕을 끼치는 일도 많이 있었는데, 이 책에서 금식기도가 수반해야 할 내용 5가지(p.152)를 필수 조건으로 언급하고 있습니다. 그리고 좁은 문의 정의와 좁은 문으로 어떻게 들어갈 수 있는가(p.186)를 성경적으로 명확히 정의하고 있습니다.

저는 이 책을 읽는 모든 독자들이 성경 신구약 66권에 나타난 기도의 내용 전체를 파악할 수 있다고 확신합니다. 이 책을 읽는 분들에게 주님의 은총과 성령의 충만한 역사가 있기를 기원드리며, 이 책을 적극적으로 추천합니다.

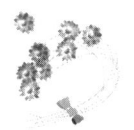

추 천 사

조천일 목사
나성 빌라델비아 교회 원로목사(미국, LA)

  신앙성도(信仰聖徒)의 기도(祈禱)는 영혼(靈魂)의 호흡(呼吸)입니다. 따라서 기도(祈禱) 없는 신앙생활(信仰生活)은 죽은 신앙(信仰)입니다. 또한 신앙성도(信仰聖徒)의 기도생활(祈禱生活)은 신앙성도로서 살아있는 증거(證據)입니다. 이런 의미에서 기도의 중요성(重要性)은 살아있는 성도(聖徒)의 근본적(根本的) 요소(要素)입니다. 특히 우리 구주(救主) 예수께서는 제자(弟子)들에게 이렇게 기도(祈禱)하라고 가르치신 것을 우리 모두가 잘 알고 있습니다.
  평소(平素)에 성도(聖徒)의 신앙생활(信仰生活)을 위하여 자신의 생활의 체험과 함께 성경에서 교훈하시는 진리(眞理)를 연구(硏究)하여 세계적(世界的) 교회(敎會)를 향하여 지구촌(地球村) 방방곡곡(坊坊曲曲)을 누비며 한 생애(生涯)를 헌신(獻身)하신 김정복 목사님의 사역(使役)을 늘 존경(尊敬)하던 중에 이번에는 "예수님의 기도교육"에 대하여 산상보훈(山上寶訓)을 중심하여 25과를 저술(著述)하여 내심은 우리 교계(敎界)를 향한 놀라운 공헌(貢獻)이요, 우리 후손(後孫)들에게 주는 선물이라고 확신합니다. 이 귀한 저서(著書)를 통하여 모든 신앙성도(信仰聖徒)들에게 신앙생활(信仰生活)의 새로운 영풍(靈風)을 일으키는 성령(聖靈)의 역사(役事)가 요원(遼遠)의 불길을 일으키게 되기를 기도하며 격려(激勵)의 말씀을 드립니다.

저는 근간(近間) 에베소서에서 우리의 선진(先進) 바울 사도가 에베소서 3장에서 교회와 성도(聖徒)들을 위하여 기도한 내용을 묵상(默想)하면서, 오늘 지구촌(地球村)의 종말을 가고 있는 21세기 성도들의 기도제목을 세 부분으로 찾아 우리들의 기도제목으로 삼고자 했는데, 첫째, 각 사람의 "속사람을 능력으로 강건하게 하시기를" 기도할 것과(엡3:16), 둘째, 각자의 심령에 "그리스도께서 계시게"하는 임마누엘의 생활(엡3:17a)과 끝으로 모든 "교회가 사랑 가운데 뿌리가 박힘으로"(엡3:17b) 영광이 충만한 교회가 되게 하소서 기도하자고 했습니다.

바라기는 21세기를 사는 온 교회가 이같은 제하(題下)의 기도운동이 일어나 새로운 영풍(靈風)을 일으키는 역사가 나타나기를 기도하며, 이와 같이 기도운동이 절실히 필요한 때에 김정복 목사님의 저서 "산상수훈을 통한 예수님의 기도교육"이 출판되어 온 세계교회에 펼쳐져서 새로운 기도의 역사를 이룩하게 되시기를 기도하며 적극 추천합니다. 감사합니다.

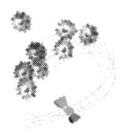

추천사

차현회 목사
세계 웨슬리 선교회 회장

산상보훈(山上寶訓)하면 지금도 들려오는 듯, 선친(先親)의 음성을 막을 길이 없고 잊을 수가 없다. 1930년대부터 새벽 5시 이후면, 선친께서는 신성회를 인도하신 후에, 목사관에 오셔서 바로 온 식구와 함께 산상보훈을 이구동성(異口同聲)으로 암송했다. 얼마나 감사하고 놀라운 축복이었던가를 회상해 본다. 그러한 말씀의 축복과 크신 뜻을 감수하면서 목사관에서 성장한 결과로 나는 감리교 신학교 졸업 논문도 "산상보훈"으로 쓸 수 있었다.

금번 추천하는 김정복 목사의 "산상수훈을 통한 예수님의 기도교육"은 예수께서 가르치신 산상보훈을 새삼 금상첨화(錦上添花) 격으로 저술한 그리스도의 모든 교훈의 요약이다. 산상보훈은 "인간 윤리의 최고봉", "천국 대 헌장", "수백 개의 보석으로 꾸민 왕관" 등으로 불리우고, 그리스도인의 실천적 윤리문제를 다루고 있으며, 특히 마태복음 6장 5절부터는 기도에 힘쓸 것을 가르치신다.

저자 김정복 목사는 일찍이 WMC 기도학교를 설립하여 성경적 기도교육을 강의하는 기도학 교수요, 목회자요, 세계 여러 나라

선교지를 다니며 기도세미나를 인도하는 순회선교사로, 구구절절 주님의 기도(마6:9-13), 외식하는 자의 기도(마 6:5)를 비롯해서, 용서의 기도(마 6:14-15, 18:21-35)에 이르기 까지, 그리고 마침내 아버지 하나님의 뜻대로 행하여, 그 집을 반석 위에 지은 지혜로운 사람(마 7:24)이 되도록 그 축복의 첩경으로 인도하였다. 이 저서를 통하여 다시금 은혜와 진리가 넘칠 것을 확신하면서 저자의 노고에 치하를 드리며, 본서를 자신 있게 추천하고자 한다.

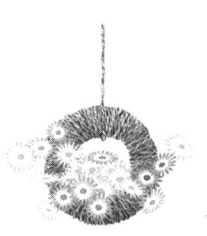

산상수훈을 통한
예수님의 기도교육을 발간하며

   세상의 모든 종교에는 기도가 있습니다. 그 이유는 고대로부터 사람은 연약하고 자연은 무서운 힘을 갖고 있었으며, 연약한 인간은 인간보다 강한 신(神)을 의존하는 기도가 필요했습니다.

1) 천재(天災) : 가뭄, 기근, 기아, 홍수, 태풍, 화재, 풍랑 등 자연에 의한 재난
2) 인재(人災) : 전쟁, 도적떼, 외침(外侵), 노예, 살인 등 사람에 의한 재난
3) 불가항력적 재난(災難) : 질병, 노약, 가난, 범죄, 죽음 등의 불가항력적 문제

   따라서 원시시대의 샤머니즘(shamanism)에 의한 원시적인 기도로부터 고등종교에 이르기까지 모든 종교에는 반드시 기도가 있습니다. 샤머니즘(shamanism), 토테미즘(totemism), 무당(巫堂), 박수(巫男), 굿거리, 조상숭배, 사당(祠堂) 등에 의한 원시적인 기도로부터 고등종교인 유교, 불교, 도교, 이슬람교, 힌두교, 시크교, 조르아스타교, 유대교 등 모든 종교에는 반드시 기도가 있습니다. 또한 이단(異端)들에도 기도는 반드시 있습니다.

이들의 기도의 목적은 일반적으로,
첫째는 연약한 인간을 보호하기 위한 자기 방패의 한 수단으로,
둘째는 인간의 부족과 소원을 성취하기 위하여,
셋째는 육체의 건강과 축복을 위하여,
넷째는 사후(死後)의 문제와 자손들의 복(福)을 빌기 위하여,
다섯째는 내 힘으로 대적할 수 없는 대적과 원수에 대한 신의 보응을 소원하는 저주의 기도가 대부분입니다.

따라서 이들의 기도 관행은 일반적으로,
1) 내세보다는 현세의 축복을
2) 영혼의 구원보다는 육체의 성공을 위한 기복적, 무속적 기도와
3) 신의 뜻보다는 인간의 소원을 성취하기 위하여
4) 마음을 찢는 기도보다는 옷을 찢으며
5) 신(神)보다는 사람에게 인정받기를 더 원하며
6) 하나님 중심의 기도생활이 아닌, 인간 중심의 기도생활에 치중하는 것이 일반입니다.

이방인이나 유대인(바리세인, 서기관)이나 모두 하나님이 원하시는 기도가 아닌 인간중심의 기도를 드리고 있었습니다. 따라서 예수님께서는 공생애 기간 중에 그분의 삶과 말씀을 통하여 제자들에게 하나님께서 원하시는 바른 기도를 가르치셨습니다. 예수님은 참으로 기도의 스승이셨으며 기도의 모본(模本)이셨습니다.

"예수님께서는 온 갈릴리에 두루 다니사 저희 회당에서 가르치시며 천국 복음을 전파하시며 백성 중에 모든 병과 모든 약한 것을 고치시니 그의 소문이 온 수리아에 퍼진지라… 허다한 무

리가 쫓으니"(마4:23-25) "예수께서 무리를 보시고 산에 올라가 앉으시니 제자들이 나아온지라"(마5:1) 제자들에게 산상수훈을 말씀하셨는데, 그 내용의 중심이 "예수님의 기도교육"이라고 사료(思料)되어, 마태복음 5장, 6장, 7장의 말씀을 주제별로 25과로 나누어 "산상수훈을 통한 예수님의 기도교육"을 집필하게 된 것입니다.

이 책이 출판되기까지 많은 기도와 조언과 여러 면으로 도와준 사랑하는 아내에게 감사하고, 이 책의 교정과 조언으로 애써주신 월간기도 편집위원 이정남 목사님과 최선호 목사님께 감사하며, 추천사를 써주신 김희수 목사님, 양봉석 목사님, 이영근 목사님, 임동선 목사님, 조천일 목사님, 차현회 목사님께 심심한 감사를 드립니다.

그리고 출판하는데 힘써주신 보이스사 사장 권승달 장로님께 감사를 드립니다.

2012년 5월 기도의자 앞에서

김정복 목사

CONTENTS

산상수훈(마태 5장, 6장, 7장)을 통한
예수님의 기도교육

추천사 · 5

예수님의 기도교육을 발간하며 · 15

제1과 예수님의 8복을 통한 기도교육(마5:1-12) / 21
    1. 심령이 가난한 자 / 22
    2. 애통하는 자 / 29
    3. 온유한 자 / 33
    4. 의에 주리고 목마른 자 / 37
    5. 긍휼히 여기는 자 / 45
    6. 마음이 청결한 자 / 49
    7. 화평케 하는 자 / 54
    8. 의를 위하여 핍박을 받는 자 / 58
    9. 나를 인하여 핍박을 받는 자 / 62

제2과 너희는 세상의 소금이다(마5:13) / 69

제3과 너희는 세상의 빛이다(마5:14-16) / 74

제4과 예수님과 율법(마5:17-20) / 79

제5과 예물을 제단 앞에 두고, 먼저 형제와 화목하라(마5:21-26) / 84

제6과 행위로 지은 죄와 마음으로 지은 죄(마5:27-32) / 88

제7과 도무지 맹세하지 말라(마5:33-37) / 94

제8과 악한 자를 대적하지 말고 사랑하라(마5:38-48) / 99

제9과 외식하는 자의 구제(마6:1-4) / 104

제10과 외식하는 자의 기도(마6:5) / 109

제11과 기도할 때에 골방에서 기도하라(마6:6, 시34:15) / 114

제12과 이방인과 같이 중언부언하지 말라(마6:7) / 119

제13과 하나님의 인격적 사랑(마6:8, 6:31-32) / 124

제14과 예수님이 가르쳐 주신 기도(마6:9-13, 눅11:1-4) / 129

제15과 먼저 용서하고 기도하라(마6:14-15,18:21-35,막11:25) / 139

제16과 금식기도 할 때에 이렇게 하라(마6:16-18) / 145

제17과 보물을 하늘에 쌓아 두라(마6:19-21) / 154

제18과 마음의 눈을 뜨고 기도하라(마6:22-23) / 159

제19과 두 주인을 섬기지 못하리라(마6:24-34) / 164

제20과 남을 비판하지 말라(마7:1-5) / 169

제21과 거룩한 것을 개에게 주지말라(마7:6) / 174

제22과 구하라, 찾으라, 문을 두드리라(마7:7-12) / 179

제23과 좁은 문으로 들어가라(마7:13-14) / 185

제24과 그의 열매로 그들을 알리라(마7:15-20) / 190

제25과 내 아버지의 뜻대로 행하는 자(마7:21-29) / 196

제1과

예수님의 8복을 통한 기도교육

마태복음 5:1-12

예수께서 무리를 보시고 산에 올라가 앉으시니
제자들이 나아온지라
입을 열어 가르쳐 가라사대
심령이 가난한 자는 복이 있나니
천국이 저희 것임이요
애통하는 자는 복이 있나니
저희가 위로를 받을 것임이요
온유한 자는 복이 있나니
저희가 땅을 기업으로 받을 것임이요
의에 주리고 목마른 자는 복이 있나니
저희가 배부를 것임이요
긍휼히 여기는 자는 복이 있나니
저희가 긍휼히 여김을 받을 것임이요
마음이 청결한 자는 복이 있나니
저희가 하나님을 볼 것임이요
화평케 하는 자는 복이 있나니
저희가 하나님의 아들이라 일컬음을 받을 것임이요
의를 위하여 핍박을 받는 자는 복이 있나니
천국이 저희 것임이요

나를 인하여 너희를 욕하고 핍박하고
거짓으로 너희를 거스려 모든 악한 말을 할 때에는
너희에게 복이 있나니 기뻐하고 즐거워하라
하늘에서 너희의 상이 큼이라
너희 전에 있던 선지자들을 이같이 핍박하였느니라

1. **심령이 가난한 자는 복이 있나니 천국이 저희 것임이요(마 5:3).**
 Blessed are the poor in spirit, for theirs in the kingdom of heaven.

 심령이 가난한 자(the poor in spirit)는 복이 있다.

 1) 심령이 가난한 자는 누구인가?

 심령이 가난한 자는 기도하는 사람이다.
 심령이 가난한 자는 영적으로 갈급한 사람이다.
 심령이 가난한 자는 영적으로 필요와 부족을 느끼는 사람이다.
 심령이 가난한 자는 하나님을 찾는 사람이다.
 부모를 찾는 자는 부모를 필요로 하는 사람이고,
 아내를 찾는 자는 아내를 필요로 하는 사람이며,
 하나님을 찾는 자는 하나님을 필요로 하고 갈급한 사람이다.

 ○ 하나님은 영이시니 신령과 진정으로 예배할 지니라(요4:24)

 (1) 주님을 찾기에 갈급한 자

 ○ 하나님이여 사슴이 시냇물을 찾기에 갈급함 같이 내 영혼이

주를 찾기에 갈급하나이다(시42:1)

(2) 여호와를 찾고 부르는 자

○ 너희는 여호와를 만날 만한 때에 찾으라 가까이 계실 때에 그를 부르라(사55:6)

(3) 하나님 아버지께 부르짖어 기도하는 자

○ 너는 내게 부르짖으라 내가 네게 응답하겠고 네가 알지 못하는 크고 비밀한 일을 네게 보이리라(렘33:3)

(4) 예수님께 구하고, 찾고, 문을 두드리는 자

○ 구하라 그러면 너희에게 주실 것이요 찾으라 그러면 찾을 것이요 문을 두드리라 그러면 너희에게 열릴 것이니 구하는 이마다 얻을 것이요 찾는 이가 찾을 것이요 두드리는 이에게 열릴 것이니라(마7:7-8)

2) 심령이 가난한 자는 이 세대를 본받지 않은 사람이다.

심령이 가난한 자는 하나님을 두려워하고 진실 무망하며 불의한 뇌물을 미워하는 사람이다.

○ 그대는 또 온 백성 가운데서 재덕이 겸전한 자 곧 하나님을 두려워하며 진실 무망하며 불의한 이를 미워하는 자를 빼서 백성 위에 세워 천부장과 백부장과 오십부장과 십부장을 삼아(출18:21)

(1) 심령이 가난한 자는 하나님 아버지를 경외하는 사람이다.

(2) 심령이 가난한 자는 영혼이 깨끗한 사람이다.
(3) 심령이 가난한 자는 세상과 타협하지 않는 사람이다.
(4) 심령이 가난한 자는 마음을 새롭게 하므로 변화를 받아 하나님의 선하시고, 기뻐하시고 온전케 하신 뜻이 무엇인지 분별하는 사람이다.
(5) 심령이 가난한 자는 몸을 하나님이 기뻐하시는 거룩한 산 제물로 드리는 사람이다.

○ 너희는 이 세대를 본받지 말고 오직 마음을 새롭게 함으로 변화를 받아 하나님의 선하시고 기뻐하시고 온전하신 뜻이 무엇인지 분별하도록 하라(롬12:2)

○ 그러므로 형제들아 내가 하나님의 모든 자비하심으로 너희를 권하노니 너희 몸을 하나님이 기뻐하시는 거룩한 산제사로 드리라 이는 너희의 드릴 영적 예배니라(롬12:1)

3) 심령이 부요한 사람은 하나님께 기도하지 않는다.
(1) 심령이 부요한 사람은 하나님을 필요로 하지 않는다.
(2) 심령이 부요한 사람은 하나님께 기도할 필요를 느끼지 않는다.
(3) 심령이 부요한 사람은 하나님께 구하지 않고, 찾지 않고, 문을 두드리지 않는다.
(4) 심령이 부요한 사람은 하나님 앞에 교만하고, 사람 앞에 거만하며, 자신의 삶에 태만한 자이다.
(5) 심령이 가난한 사람만이 하나님께 상달되는 기도를 할 수 있는 자이다.
(6) 심령이 가난한 사람만이 하나님께 구하고, 찾고, 문을 두드

리는 자이다.

그러므로 기도하는 사람은 복이 있나니, 천국이 저희 것이 되는 것이다.

- 교만은 패망의 선봉이요, 거만한 마음은 넘어짐의 앞잡이니라(잠16:18)

- 사람의 마음의 교만은 멸망의 선봉이요, 겸손은 존귀의 앞잡이니라(잠18:12).

- 눈이 높은 것과 마음이 교만한 것과 악인의 형통한 것은 다 죄니라(잠21:4)

- 내가 문이니 누구든지 나로 말미암아 들어가면 구원을 얻고 또는 들어가며 나오며 꼴을 얻으리라(요10:9)

4) 기도하는 사람은 참으로 심령이 가난한 사람이다.

심령이 가난한 사람은 쉬지 않고 기도하는 사람이다.

심령이 가난한 사람은 믿음의 주요, 또 온전케 하시는 이인 예수님을 항상 바라보고 사는 사람이다.

- 믿음의 주요 또 온전케 하시는 이인 예수를 바라보자 저는 그 앞에 있는 즐거움을 위하여 십자가를 참으사 부끄러움을 개의치 아니하시더니 하나님 보좌 우편에 앉으셨느니라(히12:2)

- 쉬지 말고 기도하라(살전5:17)

5) 임마누엘 되시는 예수님은 심령이 가난한 사람의 마음에 거

(居)하신다.

예수님은 심령이 가난한 자의 마음에 거하시고, 심령이 가난한 사람은 예수님 안에 거한다.

(1) 심령이 가난한 자는 그의 마음에 예수 그리스도를 모시고 사는 사람이다.

(2) 심령이 가난한 자는 에녹과 같이 예수님과 동행하는 사람이다.

(3) 심령이 가난한 자는 에녹과 같이 예수님을 기쁘시게 해 드리는 사람이다.

○ 보라 처녀가 잉태하여 아들을 낳을 것이요 그 이름은 임마누엘이라 하리라 하셨으니 이를 번역한즉 하나님이 우리와 함께 계시다 함이라(마1:23)

○ 내 안에 거하라 나도 너희 안에 거하리라 가지가 포도나무에 붙어 있지 아니하면 절로 과실을 맺을 수 없음 같이 너희도 내 안에 있지 아니하면 그러하리라 나는 포도나무요 너희는 가지니 저가 내 안에, 내가 저 안에 있으면 이 사람은 과실을 많이 맺나니 나를 떠나서는 너희가 아무것도 할 수 없음이라(요15:4-5)

○ 믿음으로 에녹은 죽음을 보지 않고 옮기웠으니 하나님이 저를 옮기심으로 다시 보이지 아니하니라 저는 옮기우기 전에 하나님을 기쁘시게 하는 자라 하는 증거를 받았느니라(히11:5)

6) 어떻게 사는 사람이 심령이 가난한 자인가?

(1) 이 세상에 있는 모든 것으로 만족하지 않는 사람이다.

세상과 자기 자신에 만족하지 않는 사람, 육신의 정욕과 안목의 정욕과 이 세상의 자랑인 물질적인 부귀, 돈, 명예, 권세, 소유(재산), 세상적인 영광(향락)에 만족하지 않는 사람이다.

- 이 세상이나 세상에 있는 것들을 사랑치 말라 누구든지 세상을 사랑하면 아버지의 사랑이 그 속에 있지 아니하니 이는 세상에 있는 모든 것이 육신의 정욕과 안목의 정욕과 이생의 자랑이니 다 아버지께로 좇아 온 것이 아니요 세상으로 좇아 온 것이라(요일2:15-16)

(2) 오직 믿음으로 사는 사람이다.

오직 여호와를 경외하고 의존하며, 여호와께 순종하고, 믿음으로 사는 사람이다.

- 복음에는 하나님의 의가 나타나서 믿음으로 믿음에 이르게 하나니 기록된바 오직 의인은 믿음으로 말미암아 살리라 함과 같으니라(롬1:17)

- 복 있는 사람은 악인의 꾀를 좇지 아니하며 죄인의 길에 서지 아니하며 오만한 자의 자리에 앉지 아니하고 오직 여호와의 율법을 즐거워하여 그 율법을 주야로 묵상하는 자로다(시1:1-2)

(3) 하나님의 말씀과 기도로 거룩하게 사는 사람이다.

하나님의 말씀을 늘 통독하며 쉬지 않고 기도하며 하나님의 뜻 안에서 거룩하게 사는 사람이다.

- 하나님의 말씀과 기도로 거룩하여짐이니라(딤전4:5)

- 오직 너희를 부르신 거룩한 자처럼 너희도 모든 행실에 거룩한 자가 되라. 기록하였으되 내가 거룩하니 너희도 거룩할지어다 하셨느니라(벧전1:15-16)

(4) 천국의 소망을 갖고 사는 사람이다.

하나님 나라를 마음에 소유하고, 그의 나라와 의를 먼저 구하고 찾고 바라고 감사하며 사는 사람이다. 따라서 그의 마음에 천국이 있고 하나님께 복을 받은 사람이다.

이 세상에서의 천국은 여기에 있다, 저기에 있다하는 것이 아니고, 심령이 가난한 자의 마음에 있다.

- 보라 내가 속히 오리니 내가 줄 상이 내게 있어 각 사람에게 그의 일한대로 갚아 주리라(계22:12)

- 이 후에 여호와의 말씀이 이상 중에 아브람에게 임하여 가라사대 아브람아 두려워 말라 나는 너의 방패요 너의 지극히 큰 상급이니라(창15:1)

- 항상 기뻐하라 쉬지 말고 기도하라 범사에 감사하라 이는 그리스도 예수 안에서 너희를 향하신 하나님의 뜻이니라(살전5:16-18)

- 여호와는 나의 목자시니 내가 부족함이 없으리로다 그가 나를 푸른 초장에 누이시며 쉴 만한 물 가으로 인도하시는 도다(시23:1-2)

2. 애통하는 자는 복이 있나니 저희가 위로를 받을 것임이요(마 5:4)
Blessed are those who mourn, for they will be comforted.

애통하는 자(Those who mourn)는 복이 있다.

1) 애통하는 자는 누구인가?

(1) 애통하는 자는 기도하는 사람이다.
 (가) 애통하는 자는 자신의 죄를 통회 자복하고, 회개하는 사람이다.
 (나) 애통하는 자는 심한 통곡과 눈물로 이웃을 위해 도고 기도하는 사람이다.

 ○ 예수님께서는 겟세마네 동산에서 밤을 새워 기도하실 때에 힘쓰고 애써 더욱 간절히 기도하시니 땀이 땅에 떨어지는 피방울 같이 되더라(눅22:44)

 ○ 예수님께서는 육체에 계실 때에 자기를 죽음에서 능히 구원하실 이에게 심한 통곡과 눈물로 간구와 소원을 올렸고 그의 경외하심을 인하여 들으심을 얻었느니라(히5:7)

(2) 애통하며 기도하는 사람은 하나님께서 위로하시고 응답해 주신다.
애통하며 기도하는 사람은 하나님의 위로를 받는 복된 사람이다. 참된 위로는 하나님이 주시는 사랑과 위로와 평강에 있다.

 ○ 평안을 너희에게 끼치노니 곧 나의 평안을 너희에게 주노라 내가 너희에게 주는 것은 세상이 주는 것과 같지 아니하노라. 너희는 마음에 근심도 말고 두려워하지도 말라(요14:27)

(3) 기도하는 사람은 애통하는 사람이다.

도고기도(Intercession)는 이웃을 위하여 애통하는 사랑의 기도이다. 따라서 기도하는 사람은 복이 있나니, 저희가 성령님의 위로를 받을 것이다.

2) 애통하는 자(those who mourn)는 어떤 사람인가?

(1) 애통하는 자는 자기의 소중한 것을 잃어버린 사람이다.

애통하는 자는 자기의 소중한 것을 도적맞은 사람이다.

- ○ 도적이 오는 것은 도적질하고 죽이고 멸망시키기 위한 것뿐이요 내가 온 것은 양으로 생명을 얻게 하고 더 풍성히 얻게 하려는 것이라(요10:10)

가. 육체적인 것을 잃어버린 사람은 애통한다.
 가) 사람의 생명을 잃어버린 사람은 애통한다.
   부모, 남편, 아내, 자녀, 가족, 친지, 이웃의 생명을 잃어버린 사람
 나) 소중한 것을 잃어버린 사람은 애통한다.
   재산, 직장, 명예, 기회, 친구 등 자기의 소중한 것을 잃어버린 사람

- ○ 예수께서 그의 우는 것과 또 함께 온 유대인들의 우는 것을 보시고 심령에 통분히 여기시고 민망히 여기사 가라사대 그를 어디에 두었느냐 가로되 주여 와서 보옵소서 하니 예수께서 눈물을 흘리시더라(요11:33-35)

나. 정신적인 것, 영적인 것을 잃어버린 사람은 애통한다.

가) 양심, 도덕, 윤리, 자존심, 체면, 가치관 등 정신적인 것을 잃어버린 사람
나) 사랑(Love), 희락(Joy), 화평(Peace), 오래 참음(Patient), 자비(Kindness), 양선(Goodness), 충성(Faithfulness), 온유(Gentleness), 절제(Self-control)와 믿음, 거룩함(하나님의 형상과 모양), 예수 그리스도의 마음, 하나님 아버지 사랑, 성령님의 은사를 잃어버린 사람

그러나 신령한 것을 잃었을 때에 애통하는 사람은 찾아보기 힘들다.

가) 누가 믿음을 잃었다고 애통하는가?
나) 누가 사랑을 잃었다고 애통하는가?
다) 누가 기쁨을 잃었다고 애통하는가?
라) 누가 평안을 잃었다고 애통하는가?
마) 누가 인내를 잃었다고 애통하는가?
바) 누가 친절을 잃었다고 애통하는가?
사) 누가 선행을 잃었다고 애통하는가?
아) 누가 온유를 잃었다고 애통하는가?
자) 누가 절제를 잃었다고 애통하는가?
차) 누가 거룩함을 잃었다고 애통하는가?
카) 누가 예수 그리스도의 마음을 잃었다고 애통하는가?
타) 누가 성령 충만함을 받지 못했다고 애통하는가?

돈, 재산, 권력을 잃은 사람은 작은 것을 잃은 사람이요, 몸의 건강을 잃은 사람은 많은 것을 잃은 사람이요, 예수 그리스도를 잃은 사람은 모든 것을 잃은 사람이다.

이와 같은 소중한 것을 잃고도 애통할 줄 모르는 영적으로 무감각한 성도들이 많다. 따라서 영적으로 신령한 것을 잃고, 애통할 때에는 하나님의 긍휼히 여기심과 위로하심을 받는 것이다.

(2) 죄를 자복하고 회개 기도할 때에 애통한다.

가. 자신의 죄를 회개하는 자

회개는 인정(Admission)하고 고백(Profession)하는 것이다.

  가) 먼저 예수 그리스도를 나의 주, 나의 하나님으로 인정한다(눅15:18).
  나) 내가 죄인이라는 것을 인정한다(눅15:18-19).
  다) 성령님께서 일깨워 주시는 과거의 나의 죄들을 자백한다(요16:8).

나. 이웃의 죄를 인하여 기도하는 자

부모의 죄, 자식의 죄, 가족의 죄, 민족의 죄를 인하여 도고기도 하는 자

  - 에스라, 느헤미야의 기도

(3) 남을 위한 사랑의 도고기도(Intercession)를 할 때에 애통한다(히5:7, 눅22:44).

매일 새벽에 일어나 기도하고 애통하며, 철야하고 애통하며, 금식하고 애통하며, 골방에서 애통하고, 교회에서 애통하고, 나의 죄를 자복하고 회개하며 애통하고, 가족들을 위하여 도고기도하고 애통하며, 이웃을 위하여 도고기도하고 애통하며, 교회와 선교사들을 위하여 도고기도하고 애통하며, 국가와 민족과 세계 선교를 위하여 도고기도하며 애통한다.

이와 같이 애통하며 기도하는 사람에게는 하나님께서 위로하시고 응답해 주신다.

애통하며 기도하는 사람은 하나님의 위로를 받은 복된 사람이다. 참된 위로는 하나님이 주시는 사랑과 위로와 평강에 있는 것이다.

- ○ 평안을 너희에게 끼치노니 곧 나의 평안을 너희에게 주노라 내가 너희에게 주는 것은 세상이 주는 것과 같지 아니하노라. 너희는 마음에 근심도 말고 두려워하지도 말라(요14:27)

따라서 애통하며 기도하는 사람은 복이 있나니, 저희가 삼위일체 되시는 하나님의 위로를 받을 것이다.

3. 온유한 자는 복이 있나니 저희가 땅을 기업으로 받을 것임이요(마 5:5).
Blessed are the meek, for they will inherit the earth.

온유한 자(The meek)는 복이 있다.

1) 온유한 자는 누구인가?

(1) 온유한 자는 기도하는 사람이다.

하나님을 믿고, 기도하는 사람은 마음이 온유한 사람이다.

예수님의 마음을 갖고 사는 사람은 마음이 온유한 사람이다(고전2:15-16).

성령님으로 충만한 사람은 마음이 온유한 사람이다(갈5:22- 23).

가. 하나님의 마음은 온유하시다.

- ○ 주께서 또 주의 구원의 방패를 내게 주시며 주의 온유하심이 나를 크게 하셨나이다(삼하22:36)

- 주께서 또 주의 구원하는 방패를 내게 주시며 주의 오른손이 나를 붙들고 주의 온유함이 나를 크게 하셨나이다(시 18:35)

나. 예수님의 마음은 온유하시다.

- 수고하고 무거운 짐진 자들은 다 내게로 오라 내가 너희를 쉬게 하리라 나는 마음이 온유하고 겸손하니 나의 멍에를 메고 내게 배우라 그러면 너희 마음이 쉼을 얻으리니 이는 내 멍에는 쉽고 내 짐은 가벼움이니라(마11:28-30)

다. 성령님의 마음은 온유하시다.

- 오직 성령의 열매는 사랑과 희락과 화평과 오래 참음과 자비와 양선과 온유와 절제니 이 같은 것을 금지할 법이 없느니라(갈5:23-24)

라. 모세는 마음이 온유한 사람이 되었다.
모세는 기도의 사람이 된 후에, 온유한 사람으로 바뀌었다.

- 이 사람 모세는 온유함이 지면의 모든 사람 보다 승하더라 (민12:3)

마. 바울은 유순한 사람이 되었다.
바울은 기도를 많이 한 후에, 유순한 사람이 되었다.

- 오직 우리가 너희 가운데서 유순한 자 되어 유모가 자기 자녀를 기름과 같이 하였으니(살전2:7)

(2) 온유한 자는 어떠한 사람인가?

가. 온유한 자는 기도를 많이 하는 사람이다.

기도하는 사람은 하나님께는 겸비하고, 사람에게는 온유한 사람이다.

온유한 자는 복 있는 사람이다. 땅을 기업으로 받을 것이다.

온유한 자는 이 세상에서, 이 땅에서 영적 풍요함을 누리며 사는 사람이다.

나. 온유한 자는 예수님의 마음을 갖고 사는 사람이다.

하나님, 예수님, 성령님은 온유하시다.

온유한 자는 예수님을 모시고 사는 사람이다.

- 너희 안에 이 마음을 품으라 곧 그리스도 예수 그리스도의 마음이니(빌2:5)

- 인자가 온 것은 섬김을 받으려 함이 아니라 도리어 섬기려 하고 자기 목숨을 많은 사람의 대속 물로 주려 함이니라(마20:28)

다. 온유한 자는 성령 충만한 사람이다.

성령 충만한 사람은 나는 죽고, 내 안에 성령님께서 살아서 역사하는 사람이다.

- 술 취하지 말라 이는 방탕한 것이니 오직 성령의 충만을 받으라(엡5:18)

- 오직 성령의 열매는 사랑과 희락과 화평과 오래 참음과 자비와 양선과 충성과 온유와 절제니 이같은 것을 금지할 법이 없느니라(갈:22-23)

○ 형제들아 내가 그리스도 예수 우리 주 안에서 가진 바 너희에게 대한 나의 자랑을 두고 단언하노니 나는 날마다 죽노라(고전15:31)

라. 온유한 자는, 심령이 가난한 사람, 애통하는 사람, 이웃을 사랑하는 사람이다.

가) 심령이 가난한 자는 온유한 사람이다.

심령이 가난한 자는 하나님을 찾는 자, 나 중심에서 하나님 중심으로 사는 사람이다.

나) 애통하는 자는 온유한 사람이다.

애통하는 자는 쉬지 않고 기도하는 자, 항상 회개하고, 도고기도 하는 사람이다.

다) 남을 위하여 사랑의 도고기도 하는 자는 온유한 사람이다.
이웃을 사랑하는 자, 이웃을 섬기는 자, 믿음으로 사는 사람이다.

마. 온유한 사람은 땅을 기업으로 받을 것이다.

가) 아담이 범죄 한 후 땅은 하나님께 저주를 받았다(창3:17). 따라서 아름다운 땅, 젖과 꿀이 흐르는 땅, 아름다운 산과 레바논 산지, 축복받은 땅은 이 세상에는 없다. 다만 하나님께 축복 받은 믿음의 사람들, 마음이 온유한 사람들, 기도하는 사람들이 그 땅에 들어가서 살면, 하나님께서 함께 하심으로 저주 받은 가나안 땅이 아름다운 땅, 젖과 꿀이 흐르는 땅으로 변화되는 것이다.

나) 가나안 땅은 가나안 7족속이 사는 저주받은 땅이다. 가나안 족속, 헷 족속, 히위 족속, 브리스 족속, 기르가스 족

속, 아모리 족속, 여부스 족속(수3:10)들이 사는 악하고 저주 받은 땅이다.

다) 온유한 사람들은 하나님께서 함께 하심으로 저주받은 땅(창3:17)을 아름다운 땅, 젖과 꿀이 흐르는 땅으로 바꾸어 가며, 이 세상에서 영적 풍요함을 누리고 사는 사람들이다. 기업으로 받은 땅, 가나안 땅을, 말씀과 기도로, 천국(The Kingdom of Heaven)으로 바꾸어 가며 사는 사람들이다(Already but not yet).

라) 따라서 온유한 자는 복이 있나니, 저희가 땅을 기업으로 받을 것이다.

4. 의에 주리고 목마른 자는 복이 있나니 저희가 배부를 것임이요(마 5:6)
Blessed are those who hunger and thirst for righteousness, for they will be filled.

의에 주리고 목마른 자(who hunger & thirst for righteousness)는 복이 있다.

1) 의에 주리고 목마른 자는 누구인가?
(1) 성경 말씀에 세상에 의인은 없나니 하나도 없다고 하셨다.

○ 의인은 없나니 하나도 없으며, 깨닫는 자도 없고, 하나님을 찾는 자도 없고, 다 치우쳐 한가지로 무익하게 되고 선을 행하는 자는 없나니 하나도 없도다. 저희 목구멍은 열린 무덤이요 그 혀로는 속임을 베풀며 그 입술에는 독사의 독이 있

고 그 입에는 저주와 악독이 가득하고 그 발은 피 흘리는데 빠른지라 파멸과 고생이 그 길에 있어 평강의 길을 알지 못하였고 저희는 눈앞에 하나님을 두려워함이 없느니라(롬 3:10-18)

(2) 의인은 없다고 하였는데, 의에 주리고 목마른 사람은 누구인가?

의에 주리고 목마른 사람은 기도하는 사람이다.

기도하는 사람은 의에 주리고 목말라 하나님께 구하고, 하나님을 찾고, 문을 두드리는 사람이다. 기도하는 사람은 예수 그리스도와 말씀에 주리고 목말라 하는 사람이다.

가. 의에 주리고 목마른 자는, 하나님의 은혜를 인하여, 예수님 안에 있는 구속으로 말미암아 값없이 의롭다 하심을 얻고 믿음으로 사는 사람이다.

○ 너희가 그 은혜를 인하여 믿음으로 말미암아 구원을 얻었나니 이것이 너희에게서 난 것이 아니요 하나님의 선물이라 행위에서 난 것이 아니니 이는 누구든지 자랑치 못하게 함이니라(엡2:8-9)

○ 모든 사람이 죄를 범하였으매 하나님의 영광에 이르지 못하더니 그리스도 예수 안에 있는 구속으로 말미암아 하나님의 은혜로 값없이 의롭다 하심을 얻은 자 되었느니라(롬 8:23-24)

나. 의에 주리고 목마른 자는, 떡으로 만 살지 않고, 하나님의 입으로 나오는 모든 말씀으로 사는 사람이다.

○ 예수께서 대답하여 가라사대 기록되었으되 사람이 떡으로만 살 것이 아니요 하나님의 입으로 나오는 모든 말씀으로 살 것이라 하였느니라(마4:4, 신8:3)

다. 의에 주리고 목마른 자는, 쉬지 않고 기도하며, 기도에 항상 힘쓰고, 기도에 감사함으로 깨어있는 사람이다.

○ 쉬지 말고 기도하라(살전5:17)

○ 기도를 항상 힘쓰고 기도에 감사함으로 깨어있으라(골4:2)

라. 의에 주리고 목마른 자는, 예수 그리스도의 은혜와 하나님의 사랑과 성령님의 교통하심으로 항상 풍요한 사람이다.

○ 주 예수 그리스도의 은혜와 하나님의 사랑과 성령의 교통하심이 너희 무리와 함께 있을지어다(고후13:13)

마. 의에 주리고 목마른 자는, 주님의 은혜 안에서 생명을 얻고, 더 풍성히 얻은 사람이다.

○ 도적이 오는 것은 도적질하고 죽이고 멸망시키려는 것뿐이요 내가 온 것은 양으로 생명을 얻게 하고 더 풍성히 얻게 하려는 것이라(요10:10)

2) 왜 예수 그리스도에 주리고 목마른 자는 의에 주리고 목마른 자인가?

(1) 예수 그리스도는 우리의 의(義)가 되시기 때문이다.

○ 그리스도는 모든 믿는 자에게 의를 이루기 위하여 율법의 마침이 되시니라(롬10:4)

(2) 예수 그리스도는 하늘에서 내려온 참된 양식이요, 참된 음료이시다.

○ 예수께서 가라사대 내가 곧 생명의 떡이니 내게 오는 자는 결코 주리지 아니할 터이요 나를 믿는 자는 영원히 목마르지 아니하리라(요6:35)

○ 내가 곧 생명의 떡이로라, 너희 조상들은 광야에서 만나를 먹었어도 죽었거니와, 이는 하늘로서 내려오는 떡이니 사람으로 하여금 먹고 죽지 아니하게 하는 것이니라(요6:48-50)

○ 예수께서 이르시되 내가 진실로 진실로 너희에게 이르노니 인자의 살을 먹지 아니하고 인자의 피를 마시지 아니하면 너희 속에 생명이 없느니라, 내 살을 먹고 내 피를 마시는 자는 영생을 가졌고 마지막 날에 내가 그를 다시 살리리니, 내 살은 참된 양식이요 내 피는 참된 음료로다(요6:53-55)

○ 명절 끝날 곧 큰 날에 예수께서 서서 외쳐 가라사대 누구든지 목마르거든 내게로 와서 마시라, 나를 믿는 자는 성경에 이름과 같이 그 배에서 생수의 강이 흘러나리라 하시니(요7:37-38)

○ 내가 주는 물을 먹는 자는 영원히 목마르지 아니하리니 나의 주는 물은 그 속에서 영생하도록 솟아나는 샘물이 되리라(요4:14)

(3) 예수 그리스도의 살과 피는 어떻게 먹고 마셔야 하나?

예수 그리스도의 살과 피가 되는 말씀은 하나님께서 친히 먹여주신다.

"내가 입을 벌리니 그가 그 두루마리를 내게 먹이시며, 내게 이르시되 인자야 내가 네게 주는 이 두루마리로 네 배에 넣으며, 네 창자에 채우라"(겔3:2-3)

가. 말씀을 먹기 위하여 내가 입을 벌리니, 하나님께서 그 두루마리(말씀)를 내게 먹여 주신다.

하나님의 말씀은 내가 먹는 것이 아니라 하나님께서 먹여 주신다. "내가 입을 벌리니"하신 말씀은 하나님의 말씀에 순종하여 말씀을 받아 먹으려고 입을 벌린 것이다. 입을 벌린다는 것은 내가 매일 성경말씀을 통독하기 위하여 입을 벌려 말씀을 읽는 것이고, 하나님께서 먹여 주신다는 것은 성경말씀을 읽을 때에 성령 하나님께서 말씀을 깨우쳐 알게 하신다는 것이다.

나. 말씀을 배에 넣어야 한다.

말씀을 "네 배에 넣으며"하신 말씀은, 말씀을 먹은 후에 소화를 잘 시켜야 한다는 뜻이다. 이는 말씀을 묵상하고, 암송하며, 말씀대로 지켜 행하고, 말씀에 순종하며 살아야 한다는 뜻이다.

다. 창자에 채워야 한다.

말씀을 "네 창자에 채우라"하신 말씀은, 말씀이 나의 오장 육부에 들어가 말씀이 생명이 되고, 말씀이 능력이 되며, 말씀을 붙잡고 기도하며, 범사에 감사하고, 말씀의 힘으로 세상을 이기며, 항상 기쁘게 살아야 한다는 뜻이다.

○ 그가 또 내게 이르시되 인자야 너는 받는 것을 먹으라 너는 이 두루마리를 먹고 가서 이스라엘 족속에게 고하라 하시기

로 내가 입을 벌리니 그가 그 두루마리를 내게 먹이시며 내게 이르시되 인자야 내가 네게 주는 이 두루마리로 네 배에 넣으며 네 창자에 채우라 하시기에 내가 먹으니 그것이 내 입에서 달기가 꿀 같더라(겔3:1-3)

○ 태초에 말씀이 계시니라 이 말씀이 하나님과 함께 계셨으니 이 말씀은 곧 하나님이시니라, 말씀이 육신이 되어 우리 가운데 거하시매 우리가 그 영광을 보니 아버지의 독생자의 영광이요 은혜와 진리가 충만하더라(요1:1, 14)

○ 하나님의 말씀은 살았고 운동력이 있어 좌우에 날선 어떤 검보다도 예리하여 혼과 영과 및 관절과 골수를 찔러 쪼개기까지 하며 또 마음의 생각과 뜻을 감찰하나니 지으신 것이 하나라도 그 앞에 나타나지 않음이 없고 오직 만물이 우리를 상관하시는 자의 눈앞에 벌거벗은 것 같이 드러나느니라(히4:12-13)

○ 내 안에 거하라, 나도 너희 안에 거하리라 가지가 포도나무에 붙어 있지 아니하면 절로 과실을 맺을 수 없음 같이 너희도 내 안에 있지 아니하면 그러하리라 나는 포도나무요 너희는 가지니 저가 내 안에, 내가 저 안에 있으면 이 사람은 과실을 많이 맺나니 나를 떠나서는 너희가 아무것도 할 수 없음이라(요15:4-5)

○ 내 안에 거하라 (말씀 안에 거하라), 나도 너희 안에 거하리라(요15:4)

○ 저가 내 안에, 내가 저 안에 있으면 (네가 말씀 안에, 말씀이

네 안에 있으면), 이 사람은 과실을 많이 맺나니 나를 떠나서는 너희가 아무것도 할 수 없음이라(요15:5)

o 진실로 진실로 너희에게 이르노니 믿는 자는 영생을 가졌나니 내가 곧 생명의 떡이로라 너희 조상들은 광야에서 만나를 먹었어도 죽었거니와 이는 하늘로서 내려오는 떡이니 사람으로 하여금 먹고 죽지 아니하게 하는 것이니라 나는 하늘로서 내려온 산 떡이니 사람이 이 떡을 먹으면 영생하리라 나의 줄 떡은 곧 세상의 생명을 위한 내 살이로라 하시니라(요6:47-51)

3) 의에 주리고 목마른 자는, 저희가 배부를 것이요
(1) 의에 주리고 목마른 자는, 저희가 영의 양식으로 배부를 것이요
(2) 의에 주리고 목마른 자는, 저희가 예수 그리스도로 배부를 것이다.
(3) 인자는 곧 성육신하신 말씀이시고, 말씀은 곧 영의 양식이기 때문이다.

o 썩는 양식을 위하여 일하지 말고 영생하도록 있는 양식을 위하여 하라 이 양식은 인자가 너희에게 주리니 인자는 아버지 하나님의 인치신 자니라(요6:27)

o 예수께서 대답하여 가라사대 기록되었으되 사람이 떡으로만 살 것이 아니요 하나님의 입으로 나오는 모든 말씀으로 살 것이라 하였느니라 하시니(마4:4)

o 너를 낮추시며 너로 주리게 하시며 또 너도 알지 못하며 네

열조도 알지 못하던 만나를 네게 먹이신 것은 사람이 떡으로만 사는 것이 아니요 여호와의 입에서 나오는 모든 말씀으로 사는 줄을 너로 알게 하려 하심이니라(신8:3)

4) 의에 주리고 목마른 자는, 하나님을 사랑하는 사람이다.

그러면 신령한 영으로 계신 하나님을 어떻게 사랑할 수 있나? 하나님을 사랑하는 것은 하나님의 말씀을 사랑하는 것이다. 내가 마음을 다하고 성품을 다하고 뜻을 다하고 힘을 다하여 하나님의 말씀을 사랑하는 것이다.

○ 네 마음을 다하고, 성품을 다하고, 뜻을 다하고, 힘을 다하여 주 너의 하나님을 사랑하라(눅10:27)

하나님께 순종하는 것은, 하나님의 말씀에 순종하는 것이고, 하나님을 의존하는 것은, 하나님의 말씀을 의존하는 것이며, 하나님을 믿는다는 것은, 하나님의 말씀을 믿는다는 것이고, 하나님을 사랑하는 것은, 하나님의 말씀을 사랑하는 것이다.

(1) 하나님과 예수님과 성령님은 삼위일체이시며, 또한 말씀이시다(창1:1, 요1:1, 요1:14). 따라서 하나님을 사랑하는 자는 예수님을 사랑하고 성령님을 사랑하며 말씀을 사랑하는 자이다.

(2) 의에 주리고 목마른 자, 곧 예수 그리스도에 주리고 목마른 자는 하나님의 말씀에 주리고 성령님에 목마른 자이다. 그러므로 의에 주리고 목마른 자는 복이 있나니, 저희가 예수 그리스도 안에서 생명을 얻고 더 풍성히 얻어 배부를 것이다.

○ 도적이 오는 것은 도적질하고 죽이고 멸망시키려는 것뿐이요, 내가 온 것은 양으로 생명을 얻게 하고 더 풍성히 얻게 하려는 것이다(요10:10)

5. 긍휼히 여기는 자는 복이 있나니, 저희가 긍휼히 여김을 받을 것임이요(마 5:7). Blessed are the merciful, for they will be shown mercy.

긍휼히 여기는 자(the merciful)는 복이 있다.

1) 긍휼히 여기는 자는 누구인가?

(1) 긍휼히 여기는 자는 기도하는 사람이다.

기도하는 사람은 이웃의 아픔, 이웃의 고통, 이웃의 슬픔에 함께 동참하는 사람이다.

이웃의 아픔, 이웃의 고통, 이웃의 문제에 함께 동참하는 것이 하나님의 사랑이다.

하나님의 사랑으로 남을 위하여 드리는 기도가 도고기도(Intercession Prayer)이다.

(2) 긍휼히 여기는 자는 남이 울 때에 함께 우는 사람이다.

예수님께서는 마리아가 슬퍼 울 때에 함께 눈물을 흘리셨다(요11:35).

예수님께서는 우는 자와 함께 우시고, 고통을 당하는 자와 함께 고통을 나누시며, 남의 고통과 슬픔과 아픔에 함께 하셨다.

○ 마리아가 예수 계신 곳에 와서 보이고 그 발 앞에 엎드리어 가로되 주께서 여기 계셨더면 내 오라비가 죽지 아니하였겠

나이다 하더라 예수께서 그의 우는 것과 또 함께 온 유대인들의 우는 것을 보시고 심령에 통분히 여기시고 민망히 여기사 가라사대 그를 어디 두었느냐 가로되 주여 와서 보옵소서 하니 예수께서 눈물을 흘리시더라(요11:32-35)

(3) 긍휼히 여기는 자는 남을 위하여 눈물로 기도하는 사람이다.
예수님께서는 우리를 긍휼히 여기사 우리를 위하여 기도하실 때에 심한 통곡과 눈물로 기도하셨다.

- 그는 육체에 계실 때에 자기를 죽음에서 능히 구원하실 이에게 심한 통곡과 눈물로 간구와 소원을 올렸고 그의 경외하심을 인하여 들으심을 얻었느니라(히5:7)

(4) 긍휼히 여기는 자는 예수님의 마음으로 남을 위하여 기도하는 사람이다.
긍휼히 여기는 자는 하나님 아버지의 마음 곧 예수 그리스도의 마음을 갖고 사는 자이며, 남을 불쌍히 여기고 남의 고통과 슬픔과 아픔에 함께 하며, 예수님의 마음을 갖고 기도하는 사람이다.

(5) 긍휼히 여기는 사람은 죄악 된 세상을 보고 눈물을 흘리는 사람이다.
예수님께서는 예루살렘 도성을 보시고 우셨다. 긍휼히 여기는 자는 죄악 된 도성 예루살렘 성, 돈, 물질, 향락, 음행, 우상, 죄악, 죄인들을 보고 울어야 한다.

- 가까이 오사 성을 보시고 우시며 가라사대 너도 오늘날 평화에 관한 일을 알았더면 좋을 뻔하였거니와 지금 네 눈에

숨기웠도다(눅19:41-42)

(6) 긍휼히 여기는 사람은 남의 죄를 용서하고 잊어버리는 사람이다.

하나님께서는 우리를 긍휼히 여기사 우리가 우리의 죄를 자백하면 우리의 죄를 용서하시고 잊어버리신다.

- 너희가 사람의 과실을 용서하면 너희 천부께서도 너희 과실을 용서하시려니와 너희가 사람의 과실을 용서하지 아니하면 너희 아버지께서도 너희 과실을 용서하지 아니하시리라(마6:14-15)

- 만일 우리가 우리 죄를 자백하면 저는 미쁘시고 의로우사 우리 죄를 사하시며 모든 불의에서 우리를 깨끗케 하실 것이요(요일1:9)

- 또 저희 죄와 저희 불법을 내가 다시 기억지 아니하리라 하셨으니 이것을 사하셨은즉 다시 죄를 위하여 제사 드릴 것이 없느니라(히10:17-18)

- 나 곧 나는 나를 위하여 네 허물을 도말하는 자니 네 죄를 기억지 아니하리라(사43:25)

- 그들이 다시는 각기 이웃과 형제를 가리켜 이르기를 너는 여호와를 알라 하지 아니하리니 이는 작은 자로부터 큰 자까지 다 나를 앎이니라 내가 그들의 죄악을 사하고 다시는 그 죄를 기억지 아니하리라 여호와의 말이니라(렘31:34)

- 서로 인자하게 하며 불쌍히 여기며 서로 용서하기를 하나님

이 그리스도 안에서 너희를 용서하심과 같이 하라(엡4:32)

○ 그 때에 베드로가 나아와 가로되 주여 형제가 내게 죄를 범하면 몇번이나 용서하여 주리이까 일곱번까지 하오리이까 예수께서 가라사대 네게 이르노니 일곱 번 뿐 아니라 일흔 번씩 일곱 번이라도 할지니라(마18:21-22)

2) 긍휼히 여기는 자는 왜 복 있는 사람인가?

(1) 긍휼히 여기는 자는 복이 있나니 저희가 긍휼히 여김을 받을 것임이요 하신 말씀은 남을 긍휼히 여기는 자는 하나님 아버지께 긍휼히 여김을 받기 때문이다.

예수님의 마음으로 남을 긍휼히 여기는 사람은 복이 있나니, 저희가 하나님 아버지의 긍휼히 여기심을 받을 것이다.

(2) 남을 긍휼히 여기는 자의 마음은 어떤 것인가?

가. 예수 그리스도의 마음으로 이웃을 내 몸 같이 사랑하는 것이다.

○ 너희는 이 마음을 품으라 곧 예수 그리스도의 마음이니(빌2:5)

나. 예수 그리스도의 사랑(Agape)과 용서의 마음을 갖고 사는 것이다.

○ 사랑하는 자들아 우리가 서로 사랑하자 사랑은 하나님께 속한 것이니 사랑하는 자마다 하나님께로 나서 하나님을 알고 사랑하지 아니하는 자는 하나님을 알지 못하나니 이는 하나님은 사랑이심이라 하나님의 사랑이 우리에게 이렇게 나타난 바 되었으니 하나님이 자기의 독생자를 세상에 보내심은 저로 말미암아 우리를 살리려 하심이니라 사랑은

여기 있으니 우리가 하나님을 사랑한 것이 아니요 오직 하나님이 우리를 사랑하사 우리 죄를 위하여 화목제로 그 아들을 보내셨음이니라 사랑하는 자들아 하나님이 이같이 우리를 사랑하셨은즉 우리도 서로 사랑하는 것이 마땅하도다 (요일4:7-11)

○ 사랑은 오래 참고 사랑은 온유하며 투기하는 자가 되지 아니하며 사랑은 자랑하지 아니하며 교만하지 아니하며 무례히 행치 아니하며 자기의 유익을 구치 아니하며 성내지 아니하며 악한 것을 생각지 아니하며 불의를 기뻐하지 아니하며 진리와 함께 기뻐하고 모든 것을 참으며 모든 것을 믿으며 모든 것을 바라며 모든 것을 견디느니라(고전13:4-7)

○ 너희가 사람의 과실을 용서하면 너희 천부께서도 너희 과실을 용서하시려니와 너희가 사람의 과실을 용서하지 아니하면 너희 아버지께서도 너희 과실을 용서하지 아니하시리라 (마6:14-15)

따라서 긍휼히 여기는 자는 복이 있나니, 하나님 아버지의 긍휼히 여기심을 받을 것이다.

6. 마음이 청결한 자는 복이 있나니 저희가 하나님을 볼 것임이요(마 5:8)
Blessed are the pure in heart, for they will see God.

마음이 청결한 자(Who are the pure in heart)는 복이 있다.

1) 마음이 청결한 자는 누구인가?

시편 24편에 말씀하시기를 여호와의 산에 오를 자 누구이며, 그 거룩한 곳에 설 자가 누구인고,

(1) 손이 깨끗하며
(2) 마음이 청결하며
(3) 뜻을 허탄한데 두지 아니하며
(4) 거짓 맹세치 아니하는 자로다.
(5) 저는 여호와께 복을 받고 구원의 하나님께 의를 얻으리니
(6) 이는 여호와를 찾는 족속이요
(7) 야곱의 하나님의 얼굴을 구하는 자로다(시24:3-6)라고 말씀하고 있다.

2) 그러나 성경 말씀은 의인 곧 마음이 청결한 자는 없나니 하나도 없다고 한다.

ㅇ 기록한 바 의인은 없나니 하나도 없으며 깨닫는 자도 없고 하나님을 찾는 자도 없고 다 치우쳐 한 가지로 무익하게 되고 선을 행하는 자는 없나니 하나도 없도다 저희 목구멍은 열린 무덤이요 그 혀로는 속임을 베풀며 그 입술에는 독사의 독이 있고 그 입에는 저주와 악독이 가득하고 그 발은 피 흘리는데 빠른지라 파멸과 고생이 그 길에 있어 평강의 길을 알지 못하였고 저희 눈앞에 하나님을 두려워함이 없느니라 함과 같으니라(롬3:10-18)

3) 하나님을 두려워함이 3없는 마음은 교만한 마음이며 죄악된 마음이다.

ㅇ 악인의 죄얼이 내 마음에 이르기를 그 목전에는 하나님을

두려워함이 없다 하니 저가 스스로 자긍하기를 자기 죄악이 드러나지 아니하고 미워함을 받지도 아니하리라 함이로다 그 입의 말은 죄악과 궤휼이라 지혜와 선행을 그쳤도다 저는 그 침상에서 죄악을 꾀하며 스스로 불선한 길에 서고 악을 싫어하지 아니하는도다(시36:1-4)

4) 그러면 어떻게 마음이 청결해질 수 있나?

죄악 된 인간이 의롭다 하심을 얻은 것은 율법의 행위에 있지 않고, 예수 그리스도를 나의 주, 나의 하나님으로 믿고, 회개할 때에 은혜로, 오직 믿음의 법으로, 마음이 청결해질 수 있다.

○ 만일 우리가 우리 죄를 자백하면 저는 미쁘시고 의로우사 우리 죄를 사하시며 모든 불의에서 우리를 깨끗케 하실 것이요(요일1:9)

○ 모든 사람이 죄를 범하였으매 하나님의 영광에 이르지 못하더니 그리스도 예수 안에 있는 구속으로 말미암아 하나님의 은혜로 값없이 의롭다 하심을 얻은 자 되었느니라 이 예수를 하나님이 그의 피로 인하여 믿음으로 말미암는 화목 제물로 세우셨으니 이는 하나님께서 길이 참으시는 중에 전에 지은 죄를 간과하심으로 자기의 의로우심을 나타내려 하심이니 곧 이 때에 자기의 의로우심을 나타내사 자기도 의로우시며 또한 예수 믿는 자를 의롭다 하려 하심이니라 그런즉 자랑할 데가 어디뇨 있을 수가 없느니라 무슨 법으로냐 행위로냐 아니라 오직 믿음의 법으로니라 그러므로 사람이 의롭다 하심을 얻은 것은 율법의 행위에 있지 않고 믿음으

로 되는 줄 우리가 인정하노라(롬8:23-28)

5) 하나님께 회개 기도하므로 사함을 받고 주님의 보혈로 죄 씻음을 받아(히9:22) 말씀과 기도로 거룩하게 되며, 믿음으로 사는 자(롬1:17)는 그 마음이 청결한 자이다.

6) 마음이 청결한 자는 기도하는 사람이다.
기도하는 사람은 경건한 삶을 살고자 하는 사람이다.
기도하는 사람은 하나님을 경외하는 사람이다.
하나님을 경외하는 사람은 하나님께 기도하는 사람이다.
하나님을 경외하며 기도하는 사람은 마음이 청결한 사람이다.
기도하는 사람은 예수 그리스도의 마음을 갖고 사는 사람이다.
기도하는 사람은 성령 충만한 가운데 살고자 하는 사람이다.
기도하는 사람은 하나님의 말씀과 기도로 거룩하게 사는 사람이다.

- 너희 안에 이 마음을 품으라 곧 그리스도 예수의 마음이니 그는 근본 하나님의 본체시나 하나님과 동등됨을 취할 것으로 여기지 아니하시고 오히려 자기를 비어 종의 형체를 가져 사람들과 같이 되었고 사람의 모양으로 나타나셨으매 자기를 낮추시고 죽기까지 복종하셨으니 곧 십자가에 죽으심이라(빌2:5-8)

- 신령한 자는 모든 것을 판단하나 자기는 아무에게도 판단을 받지 아니하느니라. 누가 주의 마음을 알아서 주를 가르치겠느냐 그러나 우리가 그리스도의 마음을 가졌느니라(고전

2:15-16)

- 술 취하지 말라 이는 방탕한 것이니 오직 성령의 충만을 받으라(엡5:18)

- 하나님의 말씀과 기도로 거룩하여 지느니라(딤전4:5)

7) 하나님의 말씀과 기도로 마음이 청결하게 된 자는 복이 있나니 저희가 하나님을 볼 것이라 하였으나, 과연 누가 하나님을 볼 수 있을 만큼 마음이 청결한 사람인가?

하나님은 거룩한 영이신데, 누가 죄악 된 육신의 눈으로 하나님을 직접 볼 수 있는가? 세상의 모든 사람은 마음이 청결하지 못하여 하나님을 육신의 눈으로 직접 볼 수 있는 사람은 한 사람도 없다. 따라서 죄 많은 인간은 하나님의 은혜로 죄 씻음을 받고, 성령 충만하여 하나님의 말씀 안에서 믿음의 눈으로 하나님을 만나 볼 수 있다.

우리는 이 세상에서 항상 안목의 정욕과 육신의 정욕과 이생의 자랑에 얽매어 살고 있기 때문에 하나님의 은혜에 의한 믿음이 아니면 스스로 거룩하게 될 수 없는 죄인이다. 따라서 오직 의인은 믿음의 눈으로만 말씀 안에서 하나님을 볼 수 있다.

하나님은 거룩한 영이심으로 육신의 눈으로 하나님을 볼 수 있는 것이 아니고, 말씀 안에서 믿음의 눈으로 하나님을 만나 볼 수 있다.

- 이는 세상에 있는 모든 것이 육신의 정욕과 안목의 정욕과 이생의 자랑이니 다 아버지께로 좇아 온 것이 아니요 세상

으로 좇아 온 것이라(요일2:16)

○ 하나님은 영이시니 예배하는 자가 신령과 진정으로 예배할지니라(요4:24)

7. **화평케 하는 자는 복이 있나니 저희가 하나님의 아들이라 일컬음을 받을 것임이요(마 5:9).** Blessed are the peacemakers, for the will be called sons of God.

화평케 하는 자는 복(the peacemakers)이 있다.

1) 화평케 하는 자(Peacemaker)는 누구인가?

하나님 아버지께서는 원수 된 우리를 살리시려고 우리의 죄를 위하여 하나님의 독생자 예수 그리스도를 세상에 화목제물(和睦祭物)로 보내셨다.

죄 없으신(히4:15) 하나님의 아들 예수 그리스도께서 십자가 위에서 흘리신 보혈의 공로(히9:22)로 말미암아

(1) 하나님과 사람 사이에 화평이 이루어 졌고(요일4:8-10)

(2) 이스라엘과 이방인 사이에 화평이 이루어졌다(엡2:11-18).

예수 그리스도로 말미암아 이 세상에 진정한 평화와 평안이 온 것이다(요14:27). 예수 그리스도는 참으로 화평케 하시는 자(Peacemaker)이시며 하나님의 아들이시다.

이와 같이 화평케 하는 자는 복이 있나니 하나님의 아들이라 일컬음을 받는 복을 누리게 됩니다.

○ 하나님의 사랑이 우리에게 이렇게 나타난바 되었으니 하나

님이 자기의 독생자를 세상에 보내심은 저로 말미암아 우리를 살리려 하심이니라 사랑은 여기 있으니 우리가 하나님을 사랑한 것이 아니요 오직 하나님이 우리를 사랑하사 우리 죄를 위하여 화목제(和睦祭)로 그 아들을 보내셨음이니라 (요일4:9-10)

○ 평안을 너희에게 끼치노니 곧 나의 평안을 너희에게 주노라 내가 너희에게 주는 것은 세상이 주는 것 같지 아니하니라 너희는 마음에 근심도 말고 두려워하지도 말라(요:14:27)

2) 예수님께서 화평케 하는 자는 복이 있는 자라고 말씀하시고, 화평케 하는 자는 하나님의 아들이라 일컬음을 받는다고 말씀하시며, 너희 원수를 사랑하라고 말씀하신다.

○ 너희 원수를 사랑하며 너희를 핍박하는 자를 위하여 기도하라 이같이 한즉 하늘에 계신 너희 아버지의 아들이 되리니 이는 하나님이 그 해를 악인과 선인에게 비취게 하시며 비를 의로운 자와 불의한 자에게 내리우심이니라(마5:44-45)

○ 너희 원수를 사랑하며 너희를 미워하는 자를 선대하며 너희를 저주하는 자를 위하여 축복하며 너희를 모욕하는 자를 위하여 기도하라(눅6:26-27)

(1) 예수님께서 말씀하신 화평케 하는 방법은 무엇인가?
가. 화평케 하는 방법은, 예수 그리스도의 마음을 갖고, 오직 하나님의 사랑(Agape)으로 용서하고 이웃을 내 몸같이 사랑하는 것이다.

나. 이웃을 위하여 하나님의 사랑으로 간절히 도고기도 하는 것이다.

(2) 하나님의 사랑(Agape)은 어떤 것인가?

하나님의 사랑(Agape)은 남의 허물을 예수 그리스도의 이름으로 용서하고, 덮어 주고, 잊어버리고, 기억하지 않는 것이다.

- ○ 미움은 다툼을 일으켜도 사랑은 모든 허물을 가리우느니라 (잠10:12)

- ○ 허물을 덮어 주는 자는 사랑을 구하는 자요 그것을 거듭 말하는 자는 친한 벗을 이간하는 자니라(잠17:9)

- ○ 나 곧 나는 나를 위하여 네 허물을 도말하는 자니 네 죄를 기억지 아니하리라(사43:25)

- ○ 그들이 다시는 각기 이웃과 형제를 가리켜 이르기를 너는 여호와를 알라 하지 아니하리니 이는 작은 자로부터 큰 자까지 다 나를 앎이니라 내가 그들의 죄악을 사하고 다시는 그 죄를 기억지 아니하리라 여호와의 말이니라(렘31:34)

- ○ 또 저희 죄와 저희 불법을 내가 다시 기억지 아니하리라 하셨으니 이것을 사하셨은즉 다시 죄를 위하여 제사드릴 것이 없느니라(히10:17-18)

- ○ 하나님의 사랑(Agape)은 오래참고, 사랑은 온유하며, 투기하는 자가 되지 아니하며, 사랑은 자랑하지 아니하며, 교만하지 아니하며, 무례히 행치 아니하며, 자기의 유익을 구치 아니하며, 성내지 아니하며, 악한 것을 생각지 아니하며, 불의를 기뻐하지 아니하며, 진리와 함께 기뻐하고, 모든 것을

참으며, 모든 것을 믿으며, 모든 것을 바라며, 모든 것을 견디느니라(고전13:4-7)

(3) 하나님의 사랑을 실천하는 방법은 어떤 것인가?

가. 예수님과 같이 먼저 남을 위한 사랑의 기도(Intercession)가 하나님의 사랑을 실천하는 최선의 길이다.

나. 예수님과 같이 아가페의 사랑으로 이웃을 위하여 도고기도(Intercession)하는 사람은 화평케 하는 사람이다.

다. 기도하는 사람은 찬양기도, 회개기도, 감사기도, 간구기도, 도고기도를 쉬지 않고 하나님 아버지께 기도하므로 하나님과 나 사이에 그리고 나와 이웃 사이에 항상 화평(Peace)함을 이루는 것이다.

○ 시몬아, 시몬아, 보라 사단이 밀 까부르듯 하려고 너희를 청구하였으나 그러나 내가 너를 위하여 네 믿음이 떨어지지 않기를 기도하였노니 너는 돌이킨 후에 네 형제를 굳게 하라(눅22:31-32)

○ 예수께서 힘쓰고 애써 더욱 간절히 기도하시니 땀이 땅에 떨어지는 피방울 같이 되더라(눅22:44)

○ 그는 육체에 계실 때에 자기를 죽음에서 능히 구원하실 이에게 심한 통곡과 눈물로 간구와 소원을 올렸고 그의 경외하심을 인하여 들으심을 얻었느니라(히5:7)

○ 그러므로 우리가 믿음으로 의롭다 하심을 얻었은즉 우리 주 예수 그리스도로 말미암아 하나님으로 더불어 화평을 누리자(롬5:1)

3) 화평케 하는 자는 저희가 하나님의 아들이라 일컬음을 받을 것임이요.

우리는 하나님의 은혜로, 예수 그리스도를 나의 주님, 나의 하나님으로 영접하는 순간 이미 하나님의 자녀가 되었다. 따라서 화평케 하는 자가 되어야 한다.

- ○ 영접하는 자 곧 그 이름을 믿는 자들에게는 하나님의 자녀가 되는 권세를 주셨으니 이는 혈통으로나 육정으로나 사람의 뜻으로 나지 아니하고 오직 하나님께로서 난 자들이니라 (요1:12-13)

- ○ 무릇 하나님의 영으로 인도함을 받는 그들은 곧 하나님의 아들이라 너희는 다시 무서워하는 종의 영을 받지 아니하였고 양자의 영을 받았으므로 아바 아버지라 부르짖느니라(롬 8:14-15)

- ○ 너희가 아들인고로 하나님이 그 아들의 영을 우리 마음 가운데 보내사 아바 아버지라 부르게 하셨느니라 그러므로 네가 이 후로는 종이 아니요 아들이니 아들이면 하나님으로 말미암아 유업을 이을 자니라(갈4:6)

8. 의를 위하여 핍박을 받는 자는 복이 있나니 천국이 저희 것임이요(마 5:10).
Blessed are those who are persecuted because of righteousness, for theirs is the Kingdom of heaven.

의를 위하여 핍박을 받는 자(those who are persecuted because of righteousness)는 복이 있다.

1) 의를 위하여 핍박을 받는 자는 누구인가?

(1) 의를 위하여 핍박을 받는 자는 예수 그리스도를 믿고 기도하는 사람이다.

예수 그리스도를 믿는 사람은 하나님의 말씀과 기도로 거룩하게 사는 사람이다.

(2) 이 세상에는 상대적인 진리(眞理)나 상대적인 선(善)이나 상대적인 의(義)는 존재할 수 있으나, 절대적인 진리(眞理)나 절대적인 선(善)이나 절대적인 의(義)는 존재하지 않는다.

이 세상에는 절대적인 의(義)가 없고, 의인(義人)도 없고(롬 3:10-18, 시36:1) 오직 하나님 한 분만이 절대적인 선(善)이시고, 의(義)이시고, 진리이시며, 오직 예수 그리스도 한 분 만이 의인(義人)이시다. 따라서 예수 그리스도를 나의 주, 나의 하나님으로 믿고, 믿음으로 사는 사람은 핍박을 받는 것이다.

(3) 예수 그리스도를 믿고, 따르기 때문에 받는 핍박은 복된 것이다.

○ 악인의 죄얼이 내 마음에 이르기를 그 목전에는 하나님을 두려워함이 없다 하니 기록된바 의인은 없나니 하나도 없으며 깨닫는 자도 없고 하나님을 찾는 자도 없고 다 치우쳐 한가지로 무익하게 되고 선을 행하는 자는 없나니 하나도 없도다. 저희 목구멍은 열린 무덤이요 그 혀로는 속임을 베풀며 그 입술에는 독사의 독이 있고 그 입에는 저주와 악독이 가득하고 그 발은 피 흘리는데 빠른지라 파멸과 고생이 그 길에 있어 평강의 길을 알지 못하였고 저희 눈앞에 하나님을 두려워함이 없느니라 함과 같으니라(롬3:10-18)

2) 참된 의와 진리는 천지 만물을 창조하신 삼위일체 되시는 하나님 한 분께만 있다.

(1) 세상의 모든 종교는 하나라고 믿는 것은 거짓이고 잘못된 것이며 죄악이다.

(2) 세상의 모든 종교에는 진리가 있고, 모든 종교는 선하며, 모든 종교의 신(神)은 결국 같고, 모든 종교의 천국은 같으며, 모든 종교에 영생이 있다고 믿고 가르치는 것은 거짓이고 죄악이며 잘못된 것이다.

(3) 참된 의와 진리는 천지를 창조하신 삼위일체 되신 창조주 하나님께만 있고, 오직 예수 그리스도를 믿어야만 구원에 이르는 영생이 있다.

(4) 참된 신은 삼위일체 되신 하나님 한 분 뿐이시고, 참된 종교는 기독교뿐이다.

○ 태초에 하나님이 천지를 창조하시니라(창1:1).

○ 태초에 말씀이 계시니라 이 말씀이 하나님과 함께 계셨으니 이 말씀은 곧 하나님이시니라(요1:1)

○ 내가 곧 길이요 진리요 생명이니 나로 말미암지 않고는 아버지께로 올 자가 없느니라(요14:6)

○ 내가 곧 진리에 대하여 증거하려 함이로라 무릇 진리에 속한 자는 내 소리를 듣느니라(요18:37)

3) 의를 위하여 핍박을 받는 자는 복이 있나니 천국이 저희 것

임이요.

(1) 예수 그리스도만이 의가 되시고, 진리가 되심으로 의가 되시고 진리가 되시는 예수 그리스도를 위하여 핍박을 받는 자는 복이 있나니 천국이 저희 것이다.

(2) 예수 그리스도를 위하여 핍박을 받는 자는 예수님을 주로 믿고 기도하는 사람이며, 예수 그리스도를 믿음으로 말미암아 핍박을 받은 모든 선진들은 하나님의 말씀과 기도로 산 사람들이다.

(3) 예수 그리스도를 믿음으로 말미암아 핍박을 받은 선진들은 이 세상에 있을 때에는 항상 마음에 천국이 있었고, 예수님을 위하여, 의를 위하여, 핍박을 받고 순교한 자들은 죽은 다음에 모두 천국에 들어갔기 때문에, 의를 위하여 핍박을 받는 자는 복이 있나니 천국이 저희 것임이다.

(4) 예수 그리스도를 믿는 사람은 살아도 주님을 위하여 살고, 죽어도 주님을 위하여 죽으며 사나 죽으나 주님의 것으로 살고 죽으며, 먹든지 마시든지 무엇을 하든지 다 하나님의 영광을 위하여 사는 사람들이다.

○ 오직 우리의 시민권은 하늘에 있는지라 거기로써 구원하는 자 곧 주 예수 그리스도를 기다리노니(빌3:20)

○ 너희가 아들인 고로 하나님이 그 아들의 영을 우리 마음 가운데 보내사 아바 아버지라 부르게 하셨느니라 그러므로 네가 이후로는 종이 아니요 아들이니 아들이면 하나님으로 말미암아 유업을 이을 자니라(갈4:6-7)

- 또 내가 들으니 하늘에서 음성이 나서 가로되 기록하라 지금 이후로 주 안에서 죽는 자들은 복이 있도다 하시매 성령이 가라사대 그러하다 저희 수고를 그치고 쉬리니 이는 저희의 행한 일이 따름이라 하시더라(계14:13)

- 성도의 죽는 것을 여호와께서 귀중히 보시는도다(시116:15)

- 보라 내가 속히 오리니 내가 줄 상이 내게 있어 각 사람에게 그의 일한 대로 갚아 주리라(계22:12)

- 이후에 여호와의 말씀이 이상 중에 아브람에게 임하여 가라사대 아브람아 두려워 말라 나는 너의 방패요 너의 지극히 큰 상급이니라(창15:1)

- 우리 중에 누구든지 자기를 위하여 사는 자가 없고 자기를 위하여 죽는 자도 없도다 우리가 살아도 주를 위하여 살고 죽어도 주를 위하여 죽나니 그러므로 사나 죽으나 우리가 주의 것이로라(롬14:7-8)

- 그런즉 너희가 먹든지 마시든지 무엇을 하든지 다 하나님의 영광을 위하여 하라(고전10:31)

9. 나를 인하여 너희를 욕하고 핍박하고 거짓으로 너희를 거스려 모든 악한 말을 할 때에는 너희에게 복이 있나니 기뻐하고 즐거워하라 하늘에서 너희의 상이 큼이라 너희 전에 있던 선지자들을 이같이 핍박하였느니라(마5:11-12). Blessed are you when people insult you, persecute you and falsely say all kinds of evil against you because of me. Rejoice and be glad, because great is your reward in heaven, for in the same way they

persecuted the prophets who were before you.

1) 예수 그리스도 때문에 받는 고난과 핍박과 어려움은 복된 것이다.

예수님 때문에 너희를 욕하거나, 핍박하거나, 모든 악한 말을 할 때에는 너희에게 복이 있다.

- ㅇ 성령이 친히 우리 영으로 더불어 우리가 하나님의 자녀인 것을 증거하시나니 자녀이면 또한 후사 곧 하나님의 후사요 그리스도와 함께한 후사니 우리가 그와 함께 영광을 받기 위하여 고난도 함께 받아야 될 것이니라(롬8:16-17)

2) 예수 그리스도 때문에 욕을 먹고, 핍박을 받고 거짓으로 성도를 대적하여 악한 말을 하는데, 왜 성도에게 이러한 일들이 복된 일이며, 이러한 현실에서 어떻게 기뻐하고 즐거워할 수 있을까?

(1) 하늘에서 성도의 상이 크기 때문이다.
(2) 이미 세상을 떠난 선진들도 이와 같은 핍박을 받았기 때문이다.

- ㅇ 보라 내가 속히 오리니 내가 줄 상이 네게 있어 각 사람에게 그의 일한 대로 갚아 주리라(계22:12)

- ㅇ 이 후에 여호와의 말씀이 이상 중에 아브람에게 임하여 가라사대 아브람아 두려워 말라 나는 너의 방패요 너의 지극히 큰 상급이니라(창15:1)

- ○ 성도의 죽는 것을 여호와께서 귀중히 보시는 도다(시116:15)
- ○ 자녀이면 또한 후사 곧 하나님의 후사요 그리스도와 함께한 후사니 우리가 그와 함께 영광을 받기 위하여 고난도 함께 받아야 할 것이니라(롬8:17)

3) 예수 그리스도 때문에 욕을 먹고, 핍박을 받고 거짓으로 대적하여 악한 말을 할 때에 선진들은 어떻게 이러한 고난과 핍박과 어려움을 이겨낼 수 있었을까?

그 해답은 하나님의 말씀과 기도로 이러한 어려움을 이겨 낼 수 있었다.

 (1) 첫째는 어려움을 면(免)하게 해 달라고 기도한다(by pass).

 (2) 둘째는 어려움을 감당(堪當)할 수 있는 힘을 달라고 기도한다(passing through).

- ○ 시험에 들지 않게 깨어 있어 기도하라 마음에는 원이로되 육신이 약하도다 하시고(마26:41)
- ○ 하나님의 말씀과 기도로 거룩하여 짐이니라(딤전4:5)
- ○ 오직 너희를 부르신 거룩한 자처럼 너희도 모든 행실에 거룩한 자가 되라 기록하였으되 내가 거룩하니 너희도 거룩할지어다 하셨느니라(베전1:15-16)

4) 어려움이 임했을 때에도 성도가 기뻐하고 감사해야 할 이유는 무엇인가?

 (1) 예수님을 믿기 이전의 나는 과거에 마귀의 자녀였다.

- 너희는 너희 아비 마귀에게서 났으니 너희 아비의 욕심을 너희도 행하고자 하느니라 저는 처음부터 살인한 자요 진리가 그 속에 없으므로 진리에 서지 못하고 거짓을 말할 때마다 제 것으로 말하니 이는 저가 거짓말 장이요 거짓의 아비가 되었음이니라(요8:44)

(2) 예수님을 믿은 이후의 나는 하나님의 자녀이다.

- 영접하는 자 곧 그 이름을 믿는 자들에게는 하나님의 자녀가 되는 권세를 주셨으니 이는 혈통으로나 육정으로나 사람의 뜻으로 나지 아니하고 오직 하나님께로서 난 자들이니라 (요1:12-13)

- 너희는 다시 무서워하는 종의 영을 받지 아니하였고 양자의 영을 받았으므로 아바 아버지라 부르짖느니라 성령이 친히 우리 영으로 더불어 우리가 하나님의 자녀인 것을 증거하시니라(롬8:15-16)

- 너희가 아들인고로 하나님이 그 아들의 영을 우리 마음 가운데 보내사 아바 아버지라 부르게 하셨느니라 그러므로 네가 이후로는 종이 아니요 아들이니 아들이면 하나님으로 말미암아 유업을 이을 자니라(갈4:6-7)

(3) 성도는 예수님께 사랑의 빚을 진 자이다.

- 너희가 그 은혜를 인하여 믿음으로 말미암아 구원을 얻었나니 이것이 너희에게서 난 것이 아니요 하나님의 선물이라. 행위에서 난 것이 아니니 이는 누구든지 자랑치 못하게 함

이니라(엡2:8-9)

- 예수를 죽은 자 가운데서 살리신 이의 영이 너희 안에 거하시면 그리스도 예수를 죽은 자 가운데서 살리신 이가 너희 안에 거하시는 그의 영으로 말미암아 너희 죽을 몸도 살리시리라 그러므로 형제들아 우리가 빚진 자로되 육신에게 져서 육신대로 살 것이 아니니라(롬8:11-12)
- 부자는 가난한 자들을 주관하고 빚진 자는 채주의 종이 되느니라(잠22:7)
- 예수 그리스도의 종 바울은 사도로 부르심을 받아 하나님의 복음을 위하여 택정함을 입었으니(롬1:1)

5) 성도는 현실적인 어떠한 이유 때문에 감사하는 것이 아니라 하나님께 받은 더욱 큰 은혜와 사랑 때문에 감사해야 한다.

하나님께 감사할 때에 능력이 생기는 것이다. 감사가 능력이다.

(1) 하나님께 대한 온전한 감사가 있을 때에, 내 마음속에서부터 참된 평안과 기쁨이 넘치게 된다(Ingoing Power).

(2) 내 마음에 참된 평안과 기쁨이 넘칠 때에, 이웃을 참으로 사랑할 수 있는 능력이 생기게 된다(Outgoing Power).

(3) 내 마음에 평안과 기쁨이 넘치고, 참으로 이웃을 사랑할 수 있을 때에 하나님께 영광을 돌리게 된다(Upgoing Power).

따라서 신앙생활 때문에 받는 어떠한 고난과 슬픔과 어려움이 있을지라도 하나님께 감사할 때에, 마음에 참된 평안과 기쁨이 넘치게 되고, 이웃을 내 몸과 같이 사랑할 수 있으며, 하나님 아버지께 영광을 돌리게 되는 것이다.

- 항상 기뻐하라, 쉬지 말고 기도하라, 범사에 감사하라(살전 5:16-18)

- 주 안에서 항상 기뻐하라 내가 다시 말하노니 기뻐하라(빌 4:4)

- 평안을 너희에게 끼치노니 곧 나의 평안을 너희에게 주노라 내가 너희에게 주는 것은 세상이 주는 것 같지 아니하니라 너희는 마음에 근심도 말고 두려워하지도 말라(요14:27)

6) 성도는 고난과 어려움과 슬픔을 피하기(by Pass)위한 기도뿐만 아니라, 어떠한 고난과 어려움도 극복(Passing through)할 수 있는 능력을 달라고 기도해야 한다.

하나님 아버지께서는 우리를 사랑하사 성령님을 보내어 우리 연약함을 도우시나니 우리가 마땅히 빌 바를 알지 못하나 오직 성령님이 말할 수 없는 탄식으로 우리를 위하여 친히 간구하고 계시며 하나님을 사랑하는 자 곧 그 뜻대로 부르심을 입은 자들에게는 모든 것이 합력하여 선을 이루게 되는 것이다. 그러므로 우리는 항상 깨어있어 기도하므로, 성도는 모든 어려움과 고난과 슬픔을 피하기도 하고 극복하기도 하면서, 항상 주 안에서 믿음으로 승리하는 것이다.

- 이와 같이 성령도 우리 연약함을 도우시나니 우리가 마땅히 빌 바를 알지 못하나 오직 성령이 말할 수 없는 탄식으로 우리를 위하여 친히 간구하시느니라 마음을 감찰하시는 이

가 성령의 생각을 아시나니 이는 성령이 하나님의 뜻대로 성도를 위하여 간구하심이니라 우리가 알거니와 하나님을 사랑하는 자 곧 그 뜻대로 부르심을 입은 자들에게는 모든 것이 합력하여 선을 이루느니라(롬8:26-28)

제2과

너희는 세상의 소금이다

마태복음 5:13

너희는 세상의 소금이니
소금이 만일 그 맛을 잃으면
무엇으로 짜게 하리요
후에는 아무 쓸데없어 다만 밖에 버리워
사람에게 밟힐 뿐이니라

1. **너희는 세상의 소금이다.**(You are the salt of the earth.)

믿는 자, 곧 성도의 사명은 소금의 사명이다.
소금의 사명은 어떤 것인가? 소금의 사명은 짠맛이다.
1) 소금은 짠맛이 있어야만 모든 음식을 맛있게 한다.
모든 음식에는 소금이 들어가야만 간(맛)이 맞다.

2) 소금은 짠맛이 있어야만 모든 사람의 몸을 건강하게 한다.
사람의 몸에는 소금이 있어야만 건강해진다.

3) 소금은 짠맛이 있어야만 부패(썩음)를 방지한다.
부패를 방지하는 데는 소금이 있어야 한다.

모든 크리스챤, 곧 믿는 자들은 맛없는 세상을 맛있는 세상으로, 병든 세상을 건강한 세상으로, 부패한 세상을 온전한 세상으로 만들어야 한다.

(1) 허무한 세상, 무의미한 세상, 무가치한 세상, 보잘것없는 세상, 재미없는 세상을 의미 있고, 보람되며, 가치 있고, 뜻 깊은 세상으로 만들어야 할 사명이 있다.

(2) 병든 세상, 허약한 세상, 목표와 방향을 상실한 세상, 길(道)을 잃은 세상을 건강한 세상으로 만들어야 할 사명이 있다.

(3) 썩어가고 있는 세상, 죽어가고 있는 세상을 방지(防止)해야 할 사명이 있다.

믿는 자, 곧 성도 안에는 예수 그리스도가 계시기 때문에 내 안에 계신 예수 그리스도의 맛(향기)으로, 이 세상을 맛있는 세상으로, 건강한 세상으로, 온전한 세상으로 만들어야 한다. 성도는 세상에서 소금이 되어, 소금 역할을 충실히 감당해야 한다.

2. 만일 소금이 그 맛을 잃으면 무엇으로 짜게 하리요.

믿는 자, 곧 성도가 그 맛, 곧 예수 그리스도의 맛을 잃으면 무엇으로 그 맛을 나타내리요. 예수 그리스도의 맛을 잃은 성도는 이미 믿는 자 곧 그리스도인이 아니다.

3. 후에는 아무 쓸 데 없어 다만 밖에 버리워 사람에게 밟힐 뿐이니라.

자기는 스스로 믿는 자라고 생각하지만, 예수 그리스도의 맛을 잃으면 아무 쓸데없어 다만 밖에 버리워 사람들에게 밟힐 뿐이다.

- ○ 이러므로 그의 열매로 그들을 알리라 나더러 주여 주여 하는 자마다 천국에 다 들어갈 것이 아니요 다만 하늘에 계신 내 아버지의 뜻대로 행하는 자라야 들어가리라 그 날에 많은 사람이 나더러 이르되 주여 주여 우리가 주의 이름으로 선지자 노릇하며 주의 이름으로 귀신을 쫓아내며 주의 이름으로 많은 권능을 행치 아니하였나이까 하리니 그때에 내가 저희에게 밝히 말하되 내가 너희를 도무지 알지 못하니 불법을 행하는 자들아 내게서 떠나가라 하리라(마7:20-23)

4. 소금이 그 맛을 잃지 않으려면, 소금의 맛을 지켜야 한다.

예수 그리스도를 믿는 사람은 예수 그리스도의 맛과 향기를 잃지 않아야 한다.

1) 예수 그리스도의 맛과 향기를 잃지 않으려면, 예수 그리스도를 지켜야 한다.

- ○ 항상 우리를 그리스도 안에서 이기게 하시고 우리로 말미암아 각처에서 그리스도를 아는 냄새를 나타내시는 하나님께 감사하노라(고후2:14)

- ○ 너희는 우리로 말미암아 나타난 그리스도의 편지니 이는 먹으로 쓴 것이 아니요 오직 살아 계신 하나님의 영으로

한 것이며 또 돌비에 쓴 것이 아니요 오직 육의 심비에 한 것이라(고후3:3)

2) 예수 그리스도를 지키려면, 예수 그리스도의 마음을 갖고 살아야 한다.
  ○ 너희 안에 이 마음을 품으라 곧 그리스도 예수의 마음이니 (빌2:5)

3) 예수 그리스도를 지키려면, 믿음으로 살아야 한다.
  ○ 오직 의인은 믿음으로 말미암아 살아야 한다(롬1:17)
  ○ 믿음은 들음에서 나며 들음은 그리스도의 말씀으로 말미암 았느니라(롬10:17)

4) 예수 그리스도를 지키려면, 예수 그리스도만 바라보고 살아야 한다.
  ○ 믿음의 주요 또 온전케 하시는 이인 예수를 바라보자(히 12:2)

5) 예수 그리스도를 지키려면, 말씀과 기도로 살아야 한다.
  ○ 하나님의 말씀과 기도로 거룩하여짐이니라(딤전4:5)

5. 성도가 끝까지 소금의 맛을 잃지 않고 소금의 사명을 다하는 길은 성화의 길이다.

성도는 하나님의 말씀과 기도로 예수 그리스도를 내 안에 지킬 수 있다.

성도는 하나님의 말씀과 기도로 예수 그리스도의 맛과 향기를 나타 낼 수 있다.

성도는 하나님의 말씀과 기도로 거룩하게 살아야 한다.

- ○ 오직 너희를 부르신 거룩한 자처럼 너희도 모든 행실에 거룩한 자가 되라 기록하였으되 내가 거룩하니 너희도 거룩할지어다 하셨느니라(벧전1:15-16)

제3과

너희는 세상의 빛이다

마태복음 5:14-16

너희는 세상의 빛이라
산 위에 있는 동네가 숨기우지 못할 것이요
사람이 등불을 켜서
말 아래 두지 아니하고 등경 위에 두나니
이러므로 집안 모든 사람에게 비취느니라
이같이 너희 빛을 사람 앞에 비취게 하여
저희로 너희 착한 행실을 보고
하늘에 계신 너희 아버지께
영광을 돌리게 하라

1. **너희는 세상의 빛이다**(You are the light of the earth).

예수님께서는 믿는 자를 향하여 세상의 빛이라고 하신다(마 5:14).

믿는 자, 곧 성도는 세상의 빛이다. 어두운 세상을 비추어야 할 사명이 있다.

빛은 어둠과 타협할 수 없고, 어둠에 섞일 수 없으며, 결코 어둠이 될 수 없다.

다만 빛은 어두운 세상을 밝힐 뿐이다. 믿는 사람은 자기 자신이 세상의 빛이기 때문에 세상과 타협할 수 없고, 세상과 타협해서는 안 되며, 어두운 세상을 밝혀야 한다.

성도의 삶은 다른 사람에게 비취는 빛이고 어두운 세상을 비취는 빛이다. 나 자신이 만일 꺼진 불, 꺼진 빛이거나 나의 삶에서 빛이 비취지 않는다면, 나는 이미 어둠일 뿐이다. 따라서 나는 더 이상 빛이 아니요 어둠이며, 나는 하나님의 자녀라고 할 수 없다. 성도는 빛이어야 한다. 성도는 어두운 세상을 비추는 빛이다.

2. 빛의 특징은 무엇인가?

1) 빛은 자신이 스스로 밝아야 한다.
2) 빛은 어둠을 밝혀야 한다.
3) 빛은 어두움에 살고 있는 사람을 빛으로 인도하여야 한다.
4) 빛은 하나님 아버지께 영광을 돌려야 한다.

크리스천, 곧 믿는 자는 어두운 마음을 밝은 마음으로, 어두운 가정을 밝은 가정으로, 어두운 세상을 밝은 세상으로 만들어 하나님께 영광을 돌려야 한다.

성도의 삶은 다른 사람에게 비치는 빛이 되어야 한다.

(1) 허무한 마음, 무의미한 마음, 무가치한 마음, 방황하는 마음, 병든 마음, 죽고 싶은 마음을 의미 있고, 보람되며, 가

치 있고, 풍성한 마음으로 변화시켜야 한다.

(2) 병든 가정, 화목하지 못한 가정, 길(道)을 잃고 방황하는 가정, 사명과 목표를 상실한 가정을 건강한 가정으로 만들어야 한다.

(3) 혼돈과 공허와 흑암 가운데서 병들어 있는 세상을 밝혀야 할 사명이 있다.

(4) 예수님께서 말씀하시되 "나는 세상의 빛이니 나를 따르는 자는 어두움에 다니지 아니하고 생명의 빛을 얻으리라"(요 8:12)하신 말씀대로 하셨다.

예수님께서는 절망에 빠져있는 문둥병자에게(마8:3), 하인의 병을 고치기를 간절히 소원하는 백부장의 믿음을 보시고(마 8:13), 침상에 누워 있는 중풍병자의 믿음을 보시고(마9:2), 열두 해 혈루증으로 앓는 여인의 믿음을 보시고(마9:22), 두 소경의 믿음을 보시고(마9:28-31), 저들의 모든 죄와 어둠과 죽음의 문제를 해결해 주셨다.

(5) 예수 그리스도의 생명의 빛으로 어두운 사람의 마음, 고통과 아픔과 괴로움으로 눌려있는 사람의 마음을 밝게 비춰야 한다.

예수 그리스도의 생명의 빛이 비추어지면 사람의 마음 속 깊은 곳이라도 치유되어 새 사람이 되고, 새 가정이 되며 세상이 새로워지는 것이다.

(6) 어둠과 절망과 죽음의 죄악에 짓눌려 있던 사람의 마음과, 가정과 세상이 예수 그리스도의 생명의 빛으로 변화되어

어둠이 빛으로, 절망이 소망으로, 죽음이 생명으로, 사탄의 자녀가 하나님의 자녀로 바뀌어 주님 안에서 항상 기뻐하며 서로 사랑하고 섬기며 믿음으로 살 때에 하나님께 영광을 돌리게 되는 것이다.

(7) 예수 그리스도를 믿는 성도들은 우리 안에 계신 예수 그리스도의 생명의 빛으로 어두운 이 세상을 밝게 비춰야 한다. 어두움에 살고 있는 믿지 않는 저들이 우리의 믿음의 삶(착한 행실)을 보고 하나님께 영광을 돌리도록 해야 한다. 믿는 자가 빛의 삶으로 혼돈과 공허와 흑암 가운데 있는 이 세상을 밝은 빛의 세상으로, 건강한 세상으로, 온전한 세상으로 만들어야 한다. 어두움에 살던 사람들이 변화되어 하나님 아버지께 영광을 돌리도록 하여야 한다.

(8) 빛의 사명에 충실하기 위해서는 나 자신이 먼저 예수님의 빛의 사명을 잘 감당해야 한다.

내가 먼저 예수님의 빛이 되어야 한다. "너희는 세상의 빛이다"(마5:14)

가. 나의 삶과 행실을 보고, 어두움에 살던 자들이 변화되어 빛으로 돌아와야 한다.

나. 나의 삶과 행실의 열매가 하나님 아버지께 영광을 돌려드려야 한다.

이와 같은 빛의 사명을 이루기 위해서는 내가 먼저 거룩해져야(聖化) 한다. 내가 거룩해지는 길은 하나님의 말씀과 기도로 거룩해지는 것이다(딤전4:5).

예수님 같이, 성경에 나오는 많은 기도의 사람들 같이, 내가 먼저 무릎 꿇고 기도하며 말씀대로 믿음으로 살아야 한다.

- ○ 예수께서 또 일러 가라사대 나는 세상의 빛이니 나를 따르는 자는 어두움에 다니지 아니하고 생명의 빛을 얻으리라 (요8:12)

- ○ 등불을 켜서 말(Basket)아래 두지 아니하고 등경(Lampstand) 위에 두나니 이러므로 집안 모든 사람에게 비취느니라(마 5:15)

- ○ 이같이 너희 빛을 사람 앞에 비취게 하여 저희로 너희 착한 행실(믿음의 삶)을 보고 하늘에 계신 아버지께 영광을 돌리게 하라(마5:16)

제4과

예수님과 율법

마 5:17-20

내가 율법이나 선지자나 폐하러 온 줄로 생각지 말라
폐하러 온 것이 아니요 완전케 하려함이로라
진실로 너희에게 이르노니
천지가 없어지기 전에는 율법의 일점일획이라도
반드시 없어지지 아니하고 다 이루리라
그러므로 누구든지 이 계명 중에
지극히 작은 것 하나라도 버리고
또 그같이 사람을 가르치는 자는
천국에서 지극히 작다 일컬음을 받을 것이요
누구든지 이를 행하며 가르치는 자는
천국에서 크다 일컬음을 받으리라
내가 너희에게 이르노니
너희 의가 서기관과 바리새인보다 더 낫지 못하면
결단코 천국에 들어가지 못하리라

1. **예수님께서는 내가 율법이나 선지자나 폐하러 온 줄로 생각지 말라 폐하러 온 것이 아니요 완전케 하려 함이요(5:17)라고 말씀하셨다.**

    이 의미는 무엇인가? 그리고 율법이나 선지자를 완전케 하신다는 것은 어떤 의미인가?

    1) 성경 말씀에 모든 사람이 죄를 범하였으매 하나님의 영광에 이르지 못하더니(롬3:23) 하였고

    2) 죄의 삯은 사망이요 하나님의 은사는 그리스도 예수 우리 주 안에 있는 영생이니라(롬6:23)고 하셨으며

    3) 우리에게 있는 대제사장은 우리의 연약함을 체휼(體恤)하지 아니하는 자가 아니요 모든 일에 우리와 한결같이 시험을 받은 자로되 죄는 없으시니라(히4:15)고 하셨다.

    4) 예수님께서는 자신이 십자가 위에서 죽으심과 죽음에서 부활하심으로 율법과 선지자를 완전케 하셨다(요일4:9-10, 갈3:13).

    5) 그 분은 구약의 모형과 의식을 완수하셔서 더 이상 그런 것들이 하나님의 백성들에게 요구되지 않도록 하셨다(히9,10장). 그 분은 옛 언약을 거두시고, 새 언약을 가져오셨다.

    ○ 하나님의 사랑이 우리에게 이렇게 나타난바 되었으니 하나님이 자기의 독생자를 세상에 보내심은 저로 말미암아 우리를 살리려 하심이니라. 사랑은 여기 있으니 우리가 하나님을 사랑한 것이 아니요 오직 하나님이 우리를 사랑하사 우리 죄를 위하여 화목제(和睦祭)로 그 아들을 보내셨음이라(요일4:9-10)

- 그리스도께서 우리를 위하여 저주를 받은바 되사 율법의 저주에서 우리를 속량하셨으니 기록된바 나무에 달린 자마다 저주 아래 있는 자라 하였음이라(갈3:13)

- 사람이 만일 죽을죄를 범하므로 네가 그를 죽여 나무 위에 달거든 그 시체를 나무 위에 밤새도록 두지 말고 당일에 장사하여 네 하나님 여호와께서 네게 기업으로 주시는 땅을 더럽히지 말라 나무에 달린 자는 하나님께 저주(詛呪)를 받았음이니라(신21:22-23)

2. 온 율법과 선지자의 강령은 예수님께서 말씀하신 새 언약과 어떤 관계에 있나?

새 언약은 첫째는 네 마음을 다하고 목숨을 다하고 뜻을 다하여 주 너의 하나님을 사랑하라 하는 것이요 둘째는 네 이웃을 네 몸과 같이 사랑하라 하는 것이다.

나의 마음을 다하고 목숨을 다하고 뜻을 다하여 하나님을 사랑하므로, 하나님께 대한 1계명부터 4계명을 온전히 지키는 것이요, 내 이웃을 내 몸과 같이 사랑하므로, 이웃에 대한 5계명부터 10계명을 온전히 이루게 되는 것이다.

- 예수께서 가라사대 네 마음을 다하고 목숨을 다하고 뜻을 다하고 힘을 다하여 주 너의 하나님을 사랑하라 하셨으니 이것이 크고 첫째 되는 계명이요, 둘째는 그와 같으니 네 이웃을 네 몸과 같이 사랑하라 하셨으니 이 두 계명이 온 율법과 선지자의 강령이니라(마22:37-40, 눅10:25-28)

3. 예수님께서는 이 율법에 대하여 어떻게 말씀하셨는가?

"진실로 너희에게 이르노니 천지가 없어지기 전에는 율법의 일점일획이라도 반드시 없어지지 아니하고 다 이루리라. 그러므로 누구든지 이 계명 중에 지극히 작은 것 하나라도 버리고 또 그같이 사람을 가르치는 자는 천국에서 지극히 작다 일컬음을 받을 것이요 누구든지 이를 행하며 가르치는 자는 천국에서 크다 일컬음을 받으리라"(마5:18-19)고 말씀하셨다.

율법은 하나님의 말씀임으로 일점일획도 없어지지 아니하고 반드시 다 이루어진다. 이 계명은 지극히 작은 것 하나라도 버리고 또 그같이 사람을 가르치는 자는 천국에서 지극히 작다 일컬음을 받을 것이다. 그러나 아담의 자손인 인간은 마귀에게서 났으므로(요8:44, 롬3:10-18), 모든 사람이 죄를 범하였으매 하나님의 영광에 이르지 못하며(롬3:23), 인간의 자력(自力)으로는 율법을 행함으로 의(義)로워질 사람은 한 사람도 없다(롬3:10). 따라서 범죄한 인간은 그 죄 값으로 반드시 죽어야 한다(롬6:23).

4. 내가 너희에게 이르노니 너희 의(義)가 서기관과 바리새인보다 더 낫지 못하면 결단코 천국에 들어가지 못하리라고 하신 말씀은 무슨 의미인가?

서기관과 바리새인의 의(義)는 사람에게 보이려고 겉모양에만 치중하고, 회당과 큰 거리에서 기도하기를 좋아하는 유대인의 기도관행과 외식적이고 형식적인 종교행위에 의한 의를 추구하였으나, 성도는 하나님의 은혜를 인하여 예수 그리스도를 나의 주, 나의 하나님으로 믿음으로 말미암아 구원을 얻어 의롭다고 칭함을 받았으므로, 의롭다고 칭함을 받은 사람은 이제 믿음으로 살아야 한다. 즉 의인이 되는 것은 인간의 행위로 말미암은 것이 아니고, 오직 은혜를 인하여 믿음으로 말미암아 되는 것이며, 의롭다고 칭함을 받은 후에는 하나님의 자녀가 되었으므로 서기관들과 바리새인들보다 더욱 믿음으로 의롭게 살아야 하는 것이다.

5. 이와 같이 믿음으로 의롭게 살기 위해서는 하나님의 말씀과 기도로 거룩하게 되어야 한다(딤전4:5).

우리의 의가 서기관과 바리새인보다 더 낫지 못하면 결단코 천국에 들어가지 못하리라고 하신다. 성도는 은혜를 인하여 믿음으로 말미암아 값없이 구원을 얻어 의롭다고 칭함을 받아 하나님의 자녀가 되었으므로 하나님의 자녀이면 거룩하게 살아야 한다.

우리의 삶에서 예수 그리스도의 향기(냄새)가 나야 한다. 우리가 믿음으로 거룩하게 살기 위해서는 하나님의 말씀교육과 기도교육이 절대적으로 필요한 것이다.

제5과

예물을 제단 앞에 두고
먼저 형제와 화목하라

마태복음 5:21-26

옛 사람에게 말한바 살인치 말라
누구든지 살인하면 심판을 받게 되리라 하였다는 것을
너희가 들었으나 나는 너희에게 이르노니
형제에게 노하는 자마다 심판을 받게 되고
형제를 대하여 라가라 하는 자는 공회에 잡히게 되고
미련한 놈이라 하는 자는 지옥 불에 들어가게 되리라
그러므로 예물을 제단에 드리다가 거기서 네 형제에게
원망 들을만한 일이 있는 줄 생각나거든
예물을 제단 앞에 두고 먼저 가서 형제와 화목하고
그 후에 와서 예물을 드리라
너를 송사하는 자와 함께 길에 있을 때에 급히 사화하라
그 송사하는 자가 너를 재판관에게 내어주고
재판관이 관예에게 내어주어 옥에 가둘까 염려하라
진실로 네게 이르노니
네가 호리라도 남김이 없이 다 갚기 전에는
결단코 거기서 나오지 못하리라

1. 율법을 지키는 것과 마음을 다스리는 것

율법은 "살인하지 말라 누구든지 살인하면 심판을 받게 되리라"고 기록되어 있다. 그러나 예수님께서는 형제에게 노(怒)하는 자마다 심판을 받게 되고 라가라 하는 자는 공회에 잡히게 되고 미련한 놈이라 하는 자는 지옥 불에 들어가게 된다고 말씀하고 있다. 예수님께서는 '살인행위'보다 '살인행위를 유발하는 동기(動機)', 곧 '미움'을 더 중요하게 다루고 있다. '살인행위(殺人行爲)'는 먼저 살인자에게 사람을 죽이고자 하는 마음 곧 동기가 있었기 때문이다. 따라서 살인행위 보다 더 중요한 것은 살인하고자하는 마음이고, 이 살의(殺意)는 남을 미워하는데서 비롯된다. 따라서 예수님께서는 형제를 미워하여 노(怒)하거나 '라가(Raca)'라고 욕하지 않도록 말씀하고 계신다.

살인행위보다 살인하고자 하는 마음을 먼저 제어할 수 있다면 살인행위는 일어나지 않을 것이다. 그러면 어떻게 살인하고자 하는 마음을 제어할 수 있을까? 그것은 남에게 노하지 않아야 하며, 남을 미워하지 않아야 하는 것이다. 남에게 노하지 않고, 남을 미워하지 않는 길은 남을 용서하고, 남을 사랑하는 것이다. 남을 용서하고 남을 사랑하기 위해서는 자기의 마음을 하나님의 말씀과 기도로 다스려야 한다. 하나님의 말씀과 기도로 자기의 마음을 다스릴 때에 성령님의 도우심으로 남을 미워하지 않고 남을 용서하고 사랑할 수 있는 것이다.

2. 하나님께 드리는 예물보다 선행되어야 할 일

○ 그러므로 예물을 제단에 드리다가 거기서 네 형제에게 원망

들을 만한 일이 있는 줄 생각나거든 예물을 제단 앞에 두고, 먼저 가서 형제와 화목하고 그 후에 와서 예물을 드리라(마 5:23-24)

예물을 제단에 드리는 것은 나와 하나님과의 관계이고, 형제에게 원망 들을 만한 일은 나와 형제와의 관계이다. 예수님께서는 내가 하나님께 예물을 드리는 하나님과 나와의 관계를 잘 이루려면, 먼저 나와 내 형제와의 관계를 화목케 하고 와서 하나님께 예물을 드리라고 하신다. 왜 이와 같이 말씀하셨을까?

예수님께서는 마태복음 25:40, 45절 말씀에서 작은 소자 하나에게 한 것이 곧 나에게 한 것이고, 작은 소자 하나에게 하지 않은 것이 곧 나에게 하지 않은 것이라고 말씀하셨다.

다메섹으로 가는 길에서 바울을 부르신 예수님은 바울을 향하여 "네가 어찌하여 나를 핍박하느냐"(행9:4)고 말씀하신다. 그러나 바울은 예수님을 믿는 성도는 핍박을 했지만 예수님을 한 번도 만난 적이 없고, 또한 핍박한 적도 없다. 그러나 예수님께서는 작은 소자 하나에게 행한 것이 곧 예수님께 행한 것으로 생각하신다(마25:40).

따라서 예수님께서는 "사울아, 사울아 네가 어찌하여 나를 핍박하느냐(행9:4)고 하신다.

이와 같이 형제와 화목하지 않고 예수님께 예물을 드린다는 것은 곧 예수님과 화목하지 않은 상태에서 예수님께 예물을 드린다는 의미와 같다. 따라서 먼저 내 이웃과 화목하고 와서 예수님께 예물을 드려야 한다.

그러면 어떻게 불화의 관계에 있는 이웃과 화목할 수 있는가?

그것은 내가 먼저 하나님 아버지께 회개기도를 드리므로 하나님 아버지께 용서를 받고 불화의 관계에 있는 형제와 화목하고, 그 후에 하나님께 예물을 드리라는 것이다. 하나님께 드리는 예물보다 먼저 해야 할 일은 나와 내 형제와의 관계부터 화목케 하는 것이며, 형제와 화목하는 길은 내가 먼저 하나님 아버지께 회개기도하고 형제와 화목하는 것이다.

3. 먼저 급히 화해하라.

- 너를 송사하는 자와 함께 길에 있을 때에 급히 사화하라 그 송사하는 자가 너를 재판관에게 내어주고 재판관이 관예에게 내어주어 옥에 가둘까 염려하라. 진실로 네게 이르노니 네가 호리라도 남김이 없이 다 갚기 전에는 결단코 거기서 나오지 못하리라(마5:25-26)

너를 송사하는 자와 함께 길에 있을 때에 급히 사화하라고 말씀하신다. 이는 기회가 왔을 때에 지체치 말고 즉시 화목함으로 문제를 해결하라는 말씀이다. 믿는 자의 이웃과의 관계는 항상 화목하며, 서로 사랑하는 관계이어야 한다. 이웃을 사랑하며 이웃과 화목한 관계를 계속해서 유지하려면 하나님의 말씀과 기도로 항상 거룩한 삶을 살아야 하며, 기도를 항상 힘쓰고 기도에 감사함으로 깨어 있어야 하는 것이다(골4:2).

이웃을 내 몸 같이 사랑하는 것은 이웃을 위하여 도고기도(Intercession)하는 것이다.

제6과

행위로 지은 죄와 마음으로 지은 죄

마태복음 5:27-32

또 간음치 말라 하였다는 것을 너희가 들었으나
나는 너희에게 이르노니
여자를 보고 음욕을 품는 자마다
마음에 이미 간음하였느니라
만일 네 오른 눈이 너로 실족케 하거든
빼어 내버리라
네 백체 중 하나가 없어지고
온 몸이 지옥에 던지우지 않는 것이 유익하며
또한 만일 네 오른손이 너로 실족케 하거든
찍어 내버리라 네 백체 중 하나가 없어지고
온 몸이 지옥에 던지우지 않는 것이 유익하니라
또 일렀으되 누구든지 아내를 버리거든
이혼 증서를 줄 것이라 하였으나
나는 너희에게 이르노니
누구든지 음행한 연고 없이 아내를 버리면
이는 저로 간음하게 함이요
또 누구든지 버린 여자에게 장가드는 자도
간음 함이니라

1. 예수님께서는 제자들에게 "여자를 보고 음욕을 품는 자마다 마음에 이미 간음하였느니라"고 말씀하신다.

    이는 율법에서 간음의 행위를 죄악으로 규정한 것을, 예수님께서는 마음의 음욕(淫慾)이나 음심(淫心)도 동일한 죄악이라고 말씀하신다. 이는 행위로 짓는 죄악뿐만 아니라 마음으로 짓는 죄악도 동일한 죄악으로 보셨다.

    1) 예수님께서는 행위로 짓는 간음의 죄악과 마음으로 짓는 음욕의 죄악을 같게 보셨다.

    2) 이는 행위로 짓는 죄악의 결과와 마음으로 짓는 죄악의 동기를 같게 보신 것이다.

    3) 음욕 때문에 간음이 이루어지고, 미움 때문에 살인이 이루어지기 때문이다.

    4) 그러므로 성도는 늘 깨어 기도하므로 자기 마음을 잘 다스려(잠16:32) 죄악의 동기부터 물리쳐야 한다(마26:41).

    ○ 노하기를 더디하는 자는 용사보다 낫고 자기의 마음을 다스리는 자는 성을 빼앗는 자보다 나으니라(잠16:32)

2. 예수님께서는 네 오른 눈이 너로 실족케 하거든 빼어 내 버리라, 네 오른손이 너로 실족케 하거든 찍어내 버리라. 네 백체 중 하나가 없어지고 온 몸이 지옥에 던지우지 않는 것이 유익하다고 말씀하신다.

    주님이 주신 이 말씀의 의미를 깊이 생각해 보자.

    1) 만일 두 눈이 성한 사람이라면, 어떻게 오른 눈만 나를 실

족케 하며, 두 손이 성한 사람이라면, 어떻게 오른손만 나를 실족케 할 수 있겠는가? 내가 눈으로 실족하였다면, 두 눈으로 보았기 때문이고, 내가 손으로 실족하였다면, 두 손으로 실족케 한 것이다. 그런데 왜 오른 눈이 너로 실족케 하거든, 또는 오른손이 너로 실족케 하거든 하고 말씀하셨을까? 그 답은 예수님께서 직접 말씀하신다. 네 백체 중 하나가 없어지더라도 온 몸이 지옥에 던지우지 않는 것이 유익하다고 말씀하신다. 이는 온 몸이냐? 불구자냐?, 지옥이냐? 천국이냐? 불구자로 천국에 들어가는 것이, 온 몸을 가지고 지옥에 들어가는 것보다 유익하다는 말씀이다.

2) 오른쪽 눈을 빼어 내 버릴 때와 오른쪽 손을 찍어 내 버릴 때의 아픔과 고통과 아쉬움을 생각해 보자. 그와 같은 고통과 아픔과 아쉬움이 있다고 하더라도 백체 중에 실족케 하는 부분을 제거하고 천국에 가는 것이, 백체를 가지고 지옥에 가는 것보다 유익하다는 말씀이다.

3) 오른쪽 눈을 빼어 내버릴 때와 오른쪽 손을 찍어 버릴 때의 아픔과 고통과 아쉬움이 있다고 하더라도 그 고통을 기도와 말씀으로 참고, 이겨, 믿음으로 승리하여 천국에 들어가는 것이 지옥에 가는 것보다 유익하다는 말씀이다.

4) 내 몸의 오른쪽 눈이나 오른쪽 손도 범죄하였을 때에는 잘라버리라 하심은, 나의 모든 소유, 명예, 권세 어떤 것이라도 범죄하였을 때에는 잘라버리라는 의미이다. 죄악은 결코 용납해서는 안 되고, 엄히 끊어버리라는 말씀이다.

5) 지옥으로 가는 길은 이 세상에서 아픔도 없고, 고통도 없고, 아쉬움도 없으며, 육욕과 쾌락에 따라 육체의 향락을 위하여 사는 넓은 길이지만, 하나님을 경외하고 하나님께 순종하며 하나님만 의존하고 믿음으로 사는 길은, 이로 인하여 아픔과 고통과 아쉬움이 따르게 되는 좁은 길이다. 그리할지라도 천국에 들어가는 것이 지옥에 가는 것보다 유익하다는 말씀이다.

6) 성도는 세상에서 실족하지 않고, 사탄의 시험에 넘어지지 않기 위해서는 늘 깨어서 기도하며 믿음으로 살아야 한다.

3. 예수님께서 말씀하시기를 율법에는 누구든지 아내를 버리거든 이혼 증서를 줄 것이라 하였으나, 나는 너희에게 이르노니 누구든지 음행한 연고 없이 아내를 버리면, 이는 저로 간음하게 함이요, 또 누구든지 버린 여자에게 장가드는 자도 간음함이니라고 말씀하신다.

이 말씀은 기독교 신앙의 가정과 부부의 중요성에 대한 말씀이다.

1) 율법에는 아내를 버리면, 이혼증서를 주라고 하였다. 이는 이혼을 한 아내를 위한 길이다. 그러나 예수님께서는 음행한 연고 없이는, 아내와 이혼을 하지 말라고 하신다. 왜냐하면 이혼을 한 여인이 재혼을 하면 이는 저로 간음을 하게 함이요, 버린 여자에게 장가드는 남자도 간음함이라고 성도는 이혼을 해서는 안 된다고 말씀하신다.

2) 하나님께서 짝지어 주신 부부를 사람이 나눌 수 없다(마 19:6)고 하셨다. 이 말씀은 주님의 이름으로 기도하고, 믿

음으로 결혼한 부부는 하나님께서 하나님의 주권으로 짝지어 주신 부부임으로, 사람의 어떠한 이유 때문에 임의로 이혼할 수 없다는 말씀이다. 하나님이 짝 지어주신 부부는 하나님의 영광을 위하여 살아야 하며(고전10:31), 하나님 보시기에 심히 좋게 살아야 한다(창1:31).

3) 하나님께서 짝지어 주신 부부는 하나님 중심의 부부생활, 하나님 중심의 가족관계, 하나님 중심의 가정을 세워 나가야 한다. 따라서 사별(死別)하거나 음행(淫行)한 연고 없이는 결코 부부는 헤어질 수 없는 것이다. 특히 성격차이나 감정의 문제나 재산문제로 헤어질 수 없는 것이다. 왜냐하면 부부가 헤어짐은 하나님의 뜻에 불순종하는 것이며, 헤어진 다음에 아내나 남편이 다시 결혼하면 이는 간음함이라고 말씀하신다.

4) 우리의 몸은 하나님의 성전(고전3:16)이며 성령의 전(고전6:19)이므로, 하나님 아버지의 영광을 위하여 살아야 하고, 남편의 몸은 아내가 주장하고, 아내의 몸은 남편이 주장하며(고전7:4), 이혼과 재혼으로 인한 간음으로 인하여 거룩한 몸을 더럽히지 않도록 하여야 한다. 따라서 예수님께서는 이혼을 금하신 것이다.

4. 예수님께서 이와 같이 말씀하심은, 하나님의 은혜를 인하여 믿음으로 말미암아 구원의 선물을 받아 하나님의 자녀가 된 성도는 우리의 영과 혼과 몸이 우리 주 예수 그리스도께서 강림하실 때에 흠 없이 보전되기를 원하시기 때문이다(살전5:23).

5. 이와 같이 우리의 영혼과 몸이 흠 없이 보전되기 위해서는 하나님의 말씀과 기도로 거룩하게 살아야한다(딤전4:5).

우리는 하나님의 말씀과 기도로 매일 성화(聖化)를 이루고, 장성한 신앙인이 되어 하나님의 영광을 위하여 하나님의 뜻대로, 믿음으로 살아야 하는 것이다.

제7과

도무지 맹세하지 말라

마태복음 5:33-37

또 옛 사람에게 말한바 헛맹세를 하지 말고
네 맹세한 것을 주께 지키라 하였다는 것을 너희가 들었으나
나는 너희에게 이르노니 도무지 맹세하지 말지니
하늘로도 말라 이는 하나님의 보좌임이요
땅으로도 말라 이는 하나님의 발등상임이요
예루살렘으로도 말라 이는 큰 임금의 성임이요
네 머리로도 말라
이는 네가 한 터럭도 희고 검게 할 수 없음이라
오직 너희 말은 옳다 옳다, 아니라 아니라 하라
이에서 지나는 것은 악으로 좇아 나느니라

1. "옛 사람에게 말한 바"는 "옛 사람에게 의해 말해진 바"로 해석될 수 있다.

따라서 옛 사람은 당시 율법 해석가인 서기관들과 바리새인들, 랍비들을 가리킨다.

2. 이들은 하나님께 맹세한 것은 반드시 지켜야 하지만 하나님의 이름이 분명히 언급되지 아니한 맹세는 지키지 않아도 하나님께 죄가 되지 않는다고 가르쳤다.

따라서 하나님의 이름이 제외된 '하늘로', '땅으로', '예루살렘으로' 하는 맹세들이 자꾸만 늘어나 마태복음 23:16, 18에는 심지어 '성전으로', '제단으로' 하는 맹세에까지 이르게 된다.

3. 그들은 상대방에게 어떠한 거짓 맹세를 하더라도 그리고 그 약속과 맹세를 지키지 않더라도 주님께만 맹세하지 않았으면 하나님께 죄가 되지 않는다고 여겼다.

4. 이에 대하여 예수님께서는 도무지 맹세하지 말라고 말씀하신다.

하늘로도 말라, 땅으로도 말라, 예루살렘으로도 말라, 네 머리로도 말라고 말씀하신다. 왜냐하면 네가 지키지 못할 맹세는 하지 말라고 말씀하신다. 하늘은 하나님의 보좌이고, 땅은 하나님의 발등상이며, 예루살렘은 하나님의 성이므로 모두 하나님께 속한 것이며, 너도 하나님께 속한 피조물이므로 네 머리로도 맹세하지 말라고 말씀하신다.

5. 예수님께서는 마23:16-22에서 서기관들과 바리세인들에게 준엄하게 저들의 맹세에 대하여 꾸짖으신다.

1) 화 있을진저 소경된 인도자여 너희가 말하되 누구든지 성전으로 맹세하면 아무 일 없거니와 성전의 금으로 맹세하면

지킬지라 하는도다(마23:16).

2) 우맹이요 소경들이여 어느 것이 크뇨 그 금이냐 금을 거룩하게 하는 성전이냐(마23:17).

3) 너희가 또 이르되 누구든지 제단으로 맹세하면 아무 일 없거니와 그 위에 있는 예물로 맹세하면 지킬지라 하는도다(마23:18).

4) 소경들이여 어느 것이 크뇨 그 예물이냐 예물을 거룩하게 하는 제단이냐(마23:19).

5) 그러므로 제단으로 맹세하는 자는 제단과 그 위에 있는 모든 것으로 맹세함이요(마23:20).

6) 또 성전으로 맹세하는 자는 성전과 그 안에 계신 이로 맹세함이요(마23:21).

7) 또 하늘로 맹세하는 자는 하나님의 보좌와 그 위에 앉으신 이로 맹세 함이니라(마23:22).

6. 마5:33-37의 말씀과 마23:16-22의 말씀을 함께 생각하여 보면, 모든 맹세는 하나님과 관계를 맺는 것으로서 구속력을 갖고 있다.

또한 우리는 하나님의 자녀들이므로 일상생활에서 하나님과 맺은 맹세뿐 아니라, 인간들 앞에서 행한 어떤 맹세, 비록 그것이 하찮은 내용의 맹세라 할지라도 그것을 성실한 마음으로 실행하여야 한다. 왜냐하면 우리가 말한 모든 맹세는 우리의 삶을 지켜보시는 하나님 앞에서 이루어진 것이기 때문이다.

7. 예수님께서는 우리를 너무나 잘 알고 계신다.

따라서 우리가 하나님 앞에서나 인간들 앞에서 행한 맹세를 지킬 수 없는 연약함을 아시기 때문에 우리에게 도무지 맹세하지 말라고 말씀하신다(마5:34).

8. 그리고 오직 너희 말은 옳다 옳다, 아니라 아니라 하라 이에서 지나는 것은 악으로 좇아 나느니라(마5:37)고 말씀하신다.

9. 예수님을 믿는 자는 "우리 중에 누구든지 자기를 위하여 사는 자가 없고 자기를 위하여 죽는 자도 없도다. 우리가 살아도 주를 위하여 살고 죽어도 주를 위하여 죽니니 그러므로 사나 죽으나 우리가 주의 것이로다"(롬 14:7-8)고 하셨고, "그런즉 너희가 먹든지 마시든지 무엇을 하든지 다 하나님의 영광을 위하여 하라"(고전10:31)고 말씀하신다.

따라서 우리가 행하는 모든 맹세도 하나님의 영광을 위하여 해야 한다. 하나님의 영광을 위해서 맹세하려면 먼저 하나님 아버지께 기도로 여쭈어 보고 맹세해야 한다. 나의 생각대로 나의 뜻대로 맹세해서는 안 된다.

10. 또한 주님을 믿는 자들은 오직 믿음으로 살아야 한다(롬1:17).

믿음으로 사는 것은 내 힘으로 사는 것이 아니요, 하나님이 주신 은혜의 힘으로 사는 것이다. 하나님이 주신 은혜의 힘으로 사는 것은, 하나님의 말씀과 기도로 사는 것이다(딤전4:5).

11. 예수님께서 말씀하시기를, 맹세하지 말고 오직 너희 말을 옳다, 옳다, 아니라, 아니라 하라고 말씀하신다.

우리가 옳다, 옳다, 아니라, 아니라 하는 것은 사람 앞에서 하는 것이 아니고 하나님 앞에서 하는 것임을 알아야 한다.

12. 모든 일에 먼저 기도하고 하나님의 뜻에 따라, 옳다 옳다 아니라 아니라 하여야 한다.

우리는 기도보다 앞서지 말고, 성령보다 앞서 행하지 않아야 한다. 이에서 지나치는 것은 악으로 쫓아나는 것이다.

- 기도에 항상 힘쓰고 기도에 감사함으로 깨어 있으라(골4:2)
- 쉬지 말고 기도하라(살전5:17)

제8과

악한 자를 대적하지 말고 사랑하라

마태복음 5:38-48

또 눈은 눈으로 이는 이로 갚으라 하였다는 것을
너희가 들었으나 나는 너희에게 이르노니
악한 자를 대적지 말라
누구든지 네 오른편 뺨을 치거든 왼편도 돌려대며
또 너를 송사하여 속옷을 가지고자 하는 자에게
겉옷까지도 가지게 하며
또 누구든지 너로 억지로 오리를 가게 하거든
그 사람과 십리를 동행하고
네게 구하는 자에게 주며
네게 꾸고자 하는 자에게 거절하지 말라
또 네 이웃을 사랑하고 네 원수를 미워하라 하였다는 것을
너희가 들었으나 나는 너희에게 이르노니
너희 원수를 사랑하며 너희를 핍박하는 자를 위하여 기도하라
이같이 한즉 하늘에 계신 너희 아버지의 아들이 되리니
이는 하나님이 그 해를 악인과 선인에게 비춰게 하시며
비를 의로운 자와 불의 한 자에게 내리우심이니라
너희가 너희를 사랑하는 자를 사랑하면
무슨 상이 있으리요
세리도 이같이 아니하느냐

> 또 너희가 너희 형제에게만 문안하면
> 남보다 더 하는 것이 무엇이냐
> 이방인들도 이같이 아니하느냐
> 그러므로 하늘에 계신 너희 아버지의 온전하심과 같이
> 너희도 온전하라

마태복음 5:38-48 말씀은 5:38-42 말씀과 43-47의 두 내용으로 되어 있다.

첫째 마5:38-42의 말씀을 보면

1. 구약 율법(출21:23-25)에는 눈은 눈으로, 이는 이로 갚으라고 하였으나

2. 나는 너희에게 이르노니, 악한 자를 대적하지 말라.

    1) 누구든지 네 오른편 뺨을 치거든 왼편도 돌려대며

    2) 너를 송사하여 속옷을 가지고자 하는 자에게 겉옷까지도 가지게 하며

    3) 누구든지 너로 억지로 오리를 가게 하거든 그 사람과 십리를 동행하고

    4) 네게 구하는 자에게 주며, 네게 꾸고자 하는 자에게 거절하지 말라 하는 말씀이고

둘째 마5:43-47의 말씀을 보면

1. 구약 율법에는 네 이웃을 사랑하고 네 원수를 미워하라고 하였으나

2. 나는 너희에게 이르노니, 너희 원수를 사랑하며 너희를 핍박하는 자를 위하여 기도하라.

   1) 이같이 한즉 하늘에 계신 너희 아버지의 아들이 되리니,

   2) 이는 하나님이 그 해를 악인과 선인에게 비춰게 하시며,

   3) 비를 의로운 자와 불의 한 자에게 내리우심이니라.

   4) 너희가 너희를 사랑하는 자를 사랑하면 무슨 상이 있으리요 세리도 이같이 아니하느냐.

   5) 너희가 너희 형제에게만 문안하면 남보다 더 하는 것이 무엇이냐.

   이방인들도 이같이 아니하느냐고 말씀하신다.

셋째 마태복음 5장 48절의 말씀에서

그러므로 하늘에 계신 너희 아버지의 온전하심과 같이 너희도 온전하라고 말씀하신다.

예수 그리스도의 말씀과 율법의 다른 점은 무엇인가?

1) 예수 그리스도의 말씀은 악한 자를 대적하지 말고, 악한 자에게도 사랑으로 대하라는 말씀이다(마5:38-42).

2) 원수도 사랑하며, 너희를 핍박하는 자를 위하여 기도하라는 말씀이다(마5:43-47).

3) 왜 나에게 악한 자에게 사랑으로 대하라는 말씀인가?

4) 왜 나는 나를 핍박하는 원수를 사랑하며, 위하여 기도하여야 하는가?

1. 5:38-42 말씀의 중심은 구원받은 '너희'가 아니고, '악한 자'이다.

   1) '너희'는 이미 하나님의 은혜와 사랑으로 구원 받은 '하나님의 자녀'들이다.

   2) 하나님의 자녀들은 악한 자들과 같은 마음으로 살아서는 안 된다.

   3) 하나님의 자녀인 우리는 악한 자들에게 그리스도의 사랑의 삶을 보여 주어야 한다.

   4) 그리스도의 사랑의 삶의 내용이 마5:38-42에 기록된 말씀이다.

2. 마 5:43-47 말씀의 중심은 '너희'가 아니고 '하나님 아버지'이시다.

   1) 나는 하나님 아버지의 마음으로 원수를 사랑하며 핍박하는 자를 위하여 기도하여야 한다.

   2) 이같이 할 때에 하늘에 계신 아버지의 아들이 되는 것이다.

   3) 하나님께서는 해를 악인과 선인에게 비춰게 하시며, 비를 의로운 자와 불의한 자에게 내리신다.

4) 우리 믿는 자는 원수도 사랑하며, 핍박하는 자를 위하여 기도해야 한다.

3. 나는 어떻게 악한 자에게 선으로 대하며, 원수를 사랑하며, 핍박하는 자를 위하여 기도할 수 있나?

1) 나 중심의 삶에서, 하나님 중심, 말씀중심, 예수님 중심의 삶이 되도록 기도한다.

2) 성령 충만하도록 기도한다(엡5:18).

3) 예수 그리스도의 마음을 갖도록 기도한다(빌2:5).

4) 이러한 경우에, 예수님이라면 어떻게 행(行)하셨을까? 하고 기도한다.

5) 우리는 기도하므로 하늘에 계신 우리 아버지의 온전하심과 같이 우리도 온전하게 되는 것이다.

제9과

외식하는 자의 구제

마태복음 6:1-4

사람에게 보이려고 그들 앞에서
너희 의를 행치 않도록 주의하라
그렇지 아니하면 하늘에 계신 너희 아버지께
상을 얻지 못하느니라
그러므로 구제할 때에 외식하는 자가 사람에게
영광을 얻으려고 회당과 거리에서 하는 것 같이
너희 앞에 나팔을 불지 말라
진실로 너희에게 이르노니
저희는 자기 상을 이미 받았느니라
너는 구제할 때에 오른손의 하는 것을 왼손이 모르게 하여
네 구제함이 은밀하게 하라
은밀한 중에 보시는 너의 아버지가 갚으시리라

1. 의(義), 구제(救濟)를 행할 때에, 제자들에게 주신 예수님의 말씀은 무엇인가?

1) 사람에게 보이려고 그들 앞에서 너희 의를 행치 않도록 주

의 하라(마6:1).

2) 외식하는 자가 사람에게 영광을 얻으려고 회당과 거리에서 하는 것 같이 너희는 나팔을 불지 말라(6:2).

3) 너는 구제할 때에 오른손의 하는 것을 왼손이 모르게 하라(마6:3).

4) 네 구제함이 은밀하게 하라(마6:4).

2. 예수님께서는 왜 우리의 의, 선행, 구제를 할 때에 사람에게 보이려고 그들 앞에서 행치 말라고 하셨을까?

1) 우리의 의와 선행과 구제는 하나님의 뜻에 따라, 하나님의 영광을 위하여 행해야 하기 때문이다.

2) 우리의 의와 선행과 구제는 하나님께서 상을 주시기 때문이다.

요한계시록 22장 12절 말씀에 "보라 내가 속히 오리니 내가 줄 상이 내게 있어 각 사람에게 그의 일한 대로 갚아 주리라"고 말씀하셨다. 따라서 우리는 우리의 일한 대로 받을 상이 하늘나라에 준비되어 있다. 그러나 외식하는 자는 의, 선행, 구제를 행할 때에 이 세상에서 이미 사람들에게 영광을 얻었으므로 하늘의 상을 받을 수 없는 것이다(마6:2).

3. 외식하는 자들은 자신의 종교적인 행위로 죄를 감추고, 오히려 모든 사람들에게 높임을 받으려는 자들이다.

1) 외식하는 자들의 의로움은 진실되지 못하고, 거짓된 것이다.

2) 하나님의 영광이 아니라 자신들이 사람들의 칭송을 받기 위해 율법을 지켰다.

결국 외식하는 자들은 자신을 보고 있는 많은 사람들만을 의식하는데 이는 하나님을 망각한 태도에서 기인한 것이다. 저들은 인간으로부터 자신들의 영광을 구했으며, 세상에서 많은 사람들의 칭찬을 받은 것이다.

그리스도인들은 이런 과오를 범치 않도록 주의하여야 한다.

예수님께서는 "사람에게 보이려고 그들 앞에서 너희 의를 행치 않도록 주의하라 그렇지 아니하면 하늘에 계신 너희 아버지께 상을 얻지 못하리라"고 하셨다.

4. 구제할 때에 외식하는 자가 나팔을 부는 이유는 무엇인가?(마6:2)

그들은 구제를 할 때에 나팔을 불어 대중들에게 널리 알림으로 그들로부터 칭송과 영광을 얻고자 했다. 또한 사람들이 많이 모이는 넓은 광장과 네거리에서 구제품이든 조그만 바구니를 건네주었다. 이렇게 하므로 가난한 자들에게 칭송과 박수갈채를 받았다. 외식하는 자들은 하나님의 영광을 위하여 가난한 자를 구제하지 않고 자기 자신의 영광을 위하여 선행과 구제 사업을 행했다.

5. 구제할 때에 어떻게 하여야 하나?(마6:3-4).

1) 오른손이 하는 것을 왼손이 모르게 하라고 말씀하신다.

오른손이 하는 일을 어떻게 왼손이 모르게 할 수 있는가? 이것은 불가능한 일이다. 이 말씀의 의미는 오른손이 하는 일을 왼손이 모를 정도로 지극히 은밀하게, 비밀스럽게 하라는 뜻이다.

  2) 다른 사람이 알게 해서는 안 된다.

남을 구제한 사람은 구제한 일을 다른 사람에게 자랑하거나 남에게 알게 해서는 안 된다.

  3) 하나님께 받은바 은혜와 사랑을 하나님의 이름으로 이웃에게 되돌려 주는 일이다.

구제하는 일은 하나님께 빚진 사랑을 이웃에게 갚는 일이다. 따라서 빚진 자의 심정으로 이웃을 사랑하는 마음으로, 은밀한 중에 마음을 다하여 구제할 수 있어야 한다. 하나님께서는 은밀한 중에도 우리의 모든 것을 보고 계신다.

  4) 반드시 하나님께 먼저 기도하고 해야 한다.

기도보다 앞서지 말고 성령보다 앞서 행해서는 안 된다. 구제의 주관자는 하나님이 되어야 한다. 하나님 아버지의 뜻대로 가난한 자를 구제해야 한다.

  5) 주님의 이름으로, 하나님의 영광을 위하여, 두려운 마음으로 해야 한다.

  6) 오직 하나님께 쓰임 받았다는 종의 기쁨에 충만해야 한다.

의를 행하는 일이나, 선행을 하는 일이나, 구제하는 일의 주관자는 내가 아니고 하나님이시므로 먼저 기도하고 하나님 아버지의 뜻대로 청지기의 마음으로 이 모든 일을 행해야 한다.

- 우리 중에 누구든지 자기를 위하여 사는 자가 없고 자기를 위하여 죽는 자도 없도다. 우리가 살아도 주를 위하여 살고 죽어도 주를 위하여 죽나니 그러므로 사나 죽으나 우리가 주의 것 이로라(롬14:7-8)

- 그런즉 너희가 먹든지 마시든지 무엇을 하든지 다 하나님의 영광을 위하여 하라(고전10:31)

제10과

외식하는 자의 기도

마태복음 6:5

또 너희가 기도할 때에
외식하는 자와 같이 되지 말라
저희는 사람에게 보이려고
회당과 큰 거리 어귀에 서서
기도하기를 좋아하느니라
내가 진실로 너희에게 이르노니
저희는 자기상을 이미 받았느니라

○ 어찌하여 형제의 눈 속에 있는 티는 보고 네 눈 속에 있는 들보는 깨닫지 못하느냐 보라 네 눈 속에 들보가 있는데 어찌하여 형제에게 말하기를 나로 네 눈 속에 있는 티를 빼게 하라 하겠느냐 외식하는 자여 먼저 네 눈 속에서 들보를 빼어라 그 후에야 밝히 보고 형제의 눈 속에서 티를 빼리라 (마7:3-5)

○ 이에 바리새인들과 서기관들이 예수께 묻되 어찌하여 당신

의 제자들은 장로들의 유전을 준행치 아니하고 부정한 손으로 떡을 먹나이까 가라사대 이사야가 너희 외식하는 자에게 대하여 잘 예언 하였도다 기록하였으되 이 백성이 입술로는 나를 존경하되 마음은 내게서 멀도다 사람의 계명으로 교훈을 삼아 가르치니 나를 헛되이 경배하는 도다 하였느니라 너희가 하나님의 계명은 버리고 사람의 유전을 지키느니라(눅7:5-8)

외식하는 자의 기도는 어떤 것인가?

1) 성경에 나오는 외식하는 자들의 대부분은 하나님과 율법과 유대인의 기도관행을 누구보다도 잘 아는 바리새인과 서기관들이다.

이들은 하나님께 기도할 때에 하나님께 기도하는 것보다 사람에게 보이려고 기도하였고, 자기 눈에 들보가 있는 데도 남의 눈에 티와 같은 결점을 보고 비판하였으며, 하나님의 계명은 버리고 사람의 유전은 따랐으며, 입술로는 하나님을 존경하나 마음은 하나님을 떠나 있었으며, 자기 자신의 삶은 옳고 의롭다고 믿고 다른 사람의 삶은 잘못되었다고 멸시하였으며, 외식으로 길게 기도하기를 좋아하는, 회칠한 무덤과 같이 겉과 속이 다른 외식하는 바리새인들을 말한다.

(1) 사람에게 보이려는 기도이다(마6:5).

(2) 자기 눈에 들보가 있는데도 남의 눈에 티를 뽑으려는 자의 기도이다(마7:3-5).

(3) 입술로는 하나님을 존경하나, 그 마음이 하나님과는 먼 자의 기도이다(막7:5-8, 마15:1-11, 사29:13).

(4) 회칠한 무덤 같은 바리새인의 기도이다(마23:23-36).

(5) 외식으로 길게 기도하는 자의 기도이다(막12:38-40, 눅20:47).

(6) 자기를 의롭다고 믿고 다른 사람을 멸시하는 자의 기도이다(눅18:9-14).

세리의 기도 : 하나님을 경외하는 자의 기도, 죄인의 기도
바리새인의 기도 : 사람에게 보이려는 기도, 교만하고 거만한 자의 기도

2) 예수님께서는 회칠한 무덤과 같이 겉과 속이 다른 신앙생활을 하고 있는, 당시의 유대교 종교 지도자들인 바리새인과 서기관들에게 "화 있을 진저" 하시며 강하게 꾸짖으셨고, 사랑하는 제자들에게 외식하는 자들과 같이 기도하지 말라고 엄히 말씀하신다.

3) 외식하는 자들의 기도는 이방인들과 같이 하나님을 모르고, 율법도 모르는 자들의 기도가 아니고, 율법도 잘 알고, 스스로 신앙심이 깊다고 생각하는 바리새인들의 기도였다.

오늘날에도 외식하는 자들의 기도는, 초신자들보다 기도를 잘한다고 스스로 믿고, 교만한 바리새인들과 같은 신앙인들에게 주시는 경고의 메시지이다

○ 주께서 가라사대 이 백성이 입으로는 나를 가까이 하며 입

술로는 나를 존경하나 그 마음은 내게서 멀리 떠났나니 그
들이 나를 경외함은 사람의 계명으로 가르침을 받았을 뿐이
라(사29:13)

o 사람의 유전으로 하나님의 말씀을 폐하는 바리새인과 서기
  관들(마15:1-11, 막7:1-23)

o 외식하는 바리새인과 서기관들에게 "화 있을찐저"하시며
  꾸짖으시는 예수님(마23:23-36)

o 예수께서 가르치실 때에 가라사대 긴 옷을 입고 다니는 것
  과 시장에서 문안 받는 것과 회당의 상좌와 잔치의 상석을
  원하는 서기관들을 삼가라 저희는 과부의 가산을 삼키며 외
  식으로 길게 기도하는 자니 그 받는 판결이 더욱 중하리라
  하시니라(막12:38-40)

o 저희는 과부의 가산을 삼키며 외식으로 길게 기도하니 그
  받는 판결이 더욱 중하리라 하시니라(눅20:47)

o 또 자기를 의롭다고 믿고 다른 사람을 멸시하는 자들에게
  이 비유로 말씀하시되 두 사람이 기도하러 성전에 올라가니
  하나는 바리새인이요 하나는 세리라 바리새인은 서서 따로
  기도하여 가로되 하나님이여 나는 다른 사람들 곧 토색, 불
  의, 간음을 하는 자들과 같지 아니하고 이 세리와도 같지 아
  니함을 감사하나이다 나는 이레에 두 번씩 금식하고 또 소
  득의 십일조를 드리나이다 하고, 세리는 멀리 서서 감히 눈
  을 들어 하늘을 우러러 보지도 못하고 다만 가슴을 치며 가
  로되 하나님이여 불쌍히 여기옵소서 나는 죄인이로소이다

하였느니라 내가 너희에게 이르노니 이 사람이 저 보다 의롭다 하심을 받고 집에 내려갔느니라 무릇 자기를 높이는 자는 낮아지고, 자기를 낮추는 자는 높아지리라 하시니라 (눅18:9-14)

제11과

기도할 때에 골방에서 기도하라

마태복음 6:6

너는 기도 할 때에
네 골방에 들어가 문을 닫고
은밀한 중에 계신 네 아버지께 기도하라
은밀한 중에 보시는
네 아버지께서 갚으시리라

시편 34:15

여호와의 눈은 의인을 향하시고
그 귀는 저희 부르짖음에 기울이시는도다

골방(다락방, 기도방, 기도의자)에서 기도하라.

1. 골방에 들어가라, 문을 닫으라, 은밀한 중에 계신 아버지께 기도하라(마 6:6).

 골방기도는 아내와 남편과의 사랑의 관계이며, 예수 그리스도와 교회와의 사랑의 관계이다(엡5:22-32).

하나님과 기도자와의 깊은 사랑의 관계는 부부사이와 같은 은밀한 관계, 격 없이 친밀한 관계이다.

영국 스콧트렌드의 요한 낙스(John Knox)의 기도방과 런던에 있는 요한 웨슬리(John Wesley)의 기도의자는 골방기도의 한 예(例)이다.

2. 기도는 내가 드리지만, 기도의 응답은 하나님의 절대 주권(主權)이다.

기도는 내가 드리지만, 듣고 응답해 주시는 분은 하나님 아버지시다.

기도는 내가 드리지만, 기도의 응답은 하나님의 뜻대로, 하나님의 원대로 하나님의 때에 이루어지는 것이다.

예수님께서는 사랑하는 제자들에게 구체적으로 하나님이 원하시는 기도의 방법을 가르치셨다.

두세 사람이 함께 모여 드리는 합심기도, 온 교회가 함께 모여 드리는 전체기도, 통성기도도 필요하고 중요하지만, "너는 기도할 때에 네 골방에 들어가 문을 닫고 은밀한 중에 계신 네 아버지께 기도하라"고 말씀하신다.

3. 예수님께서는 왜 사랑하는 제자들에게 "네 골방에 들어가", "문을 닫고", "은밀한 중에 계신", "네 아버지께" 기도하라고 말씀하셨을까?

1) 하나님 아버지께서 '나를' 골방에서 문을 닫고 은밀한 중에 만나시기를 원하시기 때문이다.

2) 기도는 사랑의 관계며 사랑의 고백이다. 하나님께서 먼저 우리를 사랑하셨다.

3) 예수님께서는 나를 사랑하시기 때문에 나의 모든 것을 알기를 원하신다.

말 못할 아픔과 고통, 누구도 이해하지 못하는 나만의 사정, 가슴속 깊은 곳에 숨겨진 모든 것들을 예수님께서는 은밀한 중에 듣기 원하시며 그것을 해결해 주시고, 치료해 주시고, 용서해 주시고, 위로하며 사랑으로 치유해주시기를 원하신다.

그래서 골방에서 문을 닫고 은밀한 중에 예수님과 단 둘이 만나기를 원하신다. 그러므로 우리는 마음속 깊은 곳에 있는 그 누구에게도 말할 수 없는 모든 것들을 듣고 해결해 주시기를 원하시는 예수님께 모든 것을 기도해야 한다.

4) 예수님은 나를 하나님의 사랑(Agape)으로 사랑하시기 때문에 나의 어떠한 사정과 형편도 이해하시며 도우시기를 원하신다.

예수님은 하나님이시기 때문에 나의 모든 문제를 해결해 주실 수 있는 능력이 있는 분이시다. 그러므로 예수 그리스도만이 나의 모든 문제를 해결할 수 있는 분이시다.

4. **예수님께서는 육체에 계실 때에 자기를 죽음에서 능히 구원하실 하나님께 '나'를 위하여 심한 통곡과 눈물로 중보기도를 올렸고 그의 경외하심을 인하여 들으심을 얻으신 것이다.**

예수님께서는 '나'를 위하여 간절히 중보기도 하실 때에, 힘쓰고 애써 더욱 간절히 기도하시니 땀이 땅에 떨어지는 피 방울 같이 되기까지 마음을 다하고, 힘을 다하여 중보기도 하셨다. 예수님께서는 육체에 계실 때는 물론 지금도 나를 위하여 하나님 우편에서 중보기도 하고 계신 분이시다.

5. 개인기도 시간은 바로 내가 하나님 아버지와 단둘이 만나는 깊은 사랑의 시간이다.

예수님께서는 기도방에서, 기도의자에서, 한적한 곳에서, 골방에서 문을 닫고 은밀한 중에 만나기를 원하시는 것이다.

- 가라사대 아버지여 만일 아버지의 뜻이어든 이 잔을 내게서 옮기시옵소서 그러나 내 원대로 마옵시고 아버지의 원대로 되기를 원하나이다(눅22:42)

- 하나님의 사랑이 우리에게 이렇게 나타난바 되었으니 하나님이 자기 독생자를 세상에 보내심은 저로 말미암아 우리를 살리려 하심이니라 사랑은 여기 있으니 우리가 하나님을 사랑한 것이 아니요 오직 하나님이 우리를 사랑하사 우리 죄를 위하여 화목제로 그 아들을 보내셨음이니라(요일4:9-10)

- 그는 육체에 계실 때에 자기를 죽음에서 능히 구원하실 이에게 심한 통곡과 눈물로 간구와 소원을 올렸고 그의 경외하심을 인하여 들으심을 얻었느니라(히5:7)

- 예수께서 힘쓰고 애써 더욱 간절히 기도하시니 땀이 땅에 떨어지는 피 방울 같이 되더라(눅22:44)

○ 누가 정죄하리요 죽으실 뿐 아니라 다시 살아나신 이는 그리스도 예수시니 그는 하나님 우편에 계신자요 우리를 위하여 간구하시는 자시니라(롬8:34)

제12과

이방인과 같이 중언부언하지 말라

마태복음 6:7

또 기도할 때에 이방인과 같이
중언부언하지 말라
저희는 말을 많이 하여야
들으실 줄 생각하느니라

1. 예수님께서는 기도할 때에 이방인과 같이 중언부언하지 말라. 저희는 말을 많이 하여야 들으실 줄 생각하느니라(마6:7)고 말씀하신다.

2. 이방인들이 기도할 때에 중언부언하는 까닭은 저희가 하나님이 어떠한 분 이신지를 알지 못하며, 하나님께 드리는 기도의 방법과 내용을 알지 못하 기 때문이다.

3. 예수님께서는 제자들에게 "그러므로 저희를 본받지 말라 구하기 전에 너희 에게 있어야 할 것을 하나님 너희 아버지께서 아시느니라"(마6:8)고 말씀하

신다.

4. 하나님은 사랑이시며(요일4:8,16), 하나님은 우리 모든 사람을 위하여 자기 아들을 아끼지 아니하시고 내어 주신 분이시다(롬8:32).

우리가 하나님을 사랑한 것이 아니요 오직 하나님이 우리를 사랑하사 우리 죄를 위하여 화목제로 그 아들을 보내 주셨다(요일4:10).

따라서 기도할 때에 하나님이 누구신지 알지 못하고 기도하는 이방인들과 같이 중언부언(重言復言)해서는 안 된다. 여호와께서는 우리가 부르기 전에 내가 응답하겠고, 우리가 말을 마치기 전에 내가 들을 것(사65:24)이라고 하셨다.

5. 여호와 하나님은 우리의 온갖 구하는 것이나 생각하는 것에 더 넘치도록 주시기를 원하시는 분이시다(엡3:20).

우리는 하나님께 기도드릴 때에 중언부언하며 기도할 필요가 없다. 우리는 하나님 아버지께 "주여 나의 모든 소원이 주의 앞에 있사오며, 나의 탄식이 주의 앞에 감추이지 아니하나이다"(시38:9)하며, 다윗과 같이 명료하고 진실된 기도를 드려야 한다.

- ㅇ 그들이 부르기 전에 내가 응답하겠고 그들이 말을 마치기 전에 내가 들을 것이며(사65:24)

6. 하나님께서는 우리가 기도할 때에 말을 많이 하거나 길게 한다고 영향을 받는 분이 아니시다(전5:2).

예수님께서는 제자들에게 "공중의 새"와 "들에 핀 백합화"를 비유로 하여 말씀하시기를(마6:26-28) 저들도 하나님께서 돌보시고 키우시거늘 "하물며" 너희일까 보냐 하시며, 너희는 "목숨을 위하여 무엇을 먹을까, 무엇을 마실까, 몸을 위하여 무엇을 입을까 염려하지 말라, 이는 다 이방인들이 구하는 것이라"(마6:25; 31-32)고 말씀하시며, 하나님의 자녀가 된 너희들은 너희 자신의 필요를 위한 간구보다 먼저 그의 나라와 그의 의를 구하라고 말씀하신다(마6:33).

7. 우리는 하나님을 믿지 않는 이방인과 같이 무엇을 먹을까, 무엇을 입을까 염려하고 중언부언하며 길게 기도할 것이 아니다.

먼저 여호와를 전심으로 찬양(Adoration)하고, 말할 수 없는 탄식으로(롬8:26) 나의 죄를 회개(Confession)하며, 두렵고 떨리는 마음으로(시6:1, 38:1, 51:1) 범사에 감사(Thanksgiving)하고(살전 5:18), 나에게 필요한 것을 간구(Supplication)하며, 진심으로(렘 29:13;잠8:7) 남을 위한 간절한 사랑의 도고(Intercession)기도에 힘써야 한다. 우리는 이방인들과 같이 중언부언하는 기도를 드릴 것이 아니라 성경에 나오는 하나님께서 원하시고 기뻐하시는 참된 기도를 드리도록 하여야 한다.

8. 기도는 좁은 의미(狹義)로는 하나님과 믿는 자와의 대화이나, 넓은 의미(廣義)로는 하나님과 택함 받은 자와의 사랑의 관계이다.

9. 기도는 하나님이 먼저 인간을 사랑하사 독생자 예수 그리스도를 세상에

보내사 십자가에 못 박혀 죽게 하심으로 인간의 죄를 대속하셨다(요3:16; 롬3:24).

하나님의 은혜를 인하여 믿음으로 말미암아 인간을 하나님의 자녀로 삼아 주신(엡2:8, 요1:12) 하나님과 인간과의 사랑의 관계이며, 사랑의 고백인 것이다(요일4:9-10).

1) 기도는 하나님과의 사랑의 관계이다.

- 하나님이 세상을 이처럼 사랑하사 독생자를 주셨으니 이는 저를 믿는 자마다 멸망치 않고 영생을 얻게 하려는 것이라(요3:16)

- 사랑은 여기 있으니 우리가 하나님을 사랑한 것이 아니요 오직 하나님이 우리를 사랑하사 우리 죄를 위하여 화목제로 그 아들을 보내셨음이니라(요일4:10)

2) 기도는 대속주(代贖主)되신 예수 그리스도와의 사랑의 관계이다.

- 그는 육체에 계실 때에 자기를 죽음에서 능히 구원하실 이에게 심한 통곡과 눈물로 간구와 소원을 올렸고 그의 경외하심을 인하여 들으심을 얻었느니라(히5:7)

3) 기도는 성령님과의 사랑의 관계이다.

- 이와 같이 성령도 우리 연약함을 도우시나니 우리가 마땅히 빌바를 알지 못하나 오직 성령이 말할 수 없는 탄식으로 우리를 위하여 친히 간구하심이니라(롬8:26)

4) 기도는 하나님을 향한 믿는 자와의 사랑의 관계이다.
- ○ 저희가 사도의 가르침을 받아 서로 교제하며 떡을 떼며 기도하기를 전혀 힘쓰니라(행2:42; 1:12-14)

5) 기도는 사람의 죄를 용서받고 하나님의 사랑을 회복하는 사랑의 통로이다(마4:17).

기도는 사탄 마귀의 시험을 대적하는 믿음의 방패이고, 성령의 검이며(마26:41), 기도는 하나님의 말씀과 함께 성도가 거룩해지는 성화(聖化)의 통로이다(딤전4:5).

제13과

하나님의 인격적 사랑

마태복음 6:8, 31-32

그러므로 저희를 본받지 말라
구하기 전에 너희에게 있어야 할 것을
하나님 너희 아버지께서 아시느니라(마6:8)

그러므로 염려하여 이르기를
무엇을 먹을까 무엇을 마실까
무엇을 입을까 하지 말라
이는 다 이방인들이 구하는 것이라
너희 천부께서 이 모든 것이
너희에게 있어야 할 줄을 아시느니라(마6:31-32)

1. 하나님 아버지는 우리가 필요로 하는 것을 다 알고 계시며(마6:8, 32), 모든 것을 주실 수 있는 능력이 있는 분이시다.

2. 하나님 아버지는 그분 자신이 사랑이시고(요일4:8,16), 우리를 지극히 사랑

하시며(롬8:35-39), 모든 일을 능히 하실 수 있는 사랑(Agape)의 하나님(요 3:16)이시다.

"사랑하는 자들아 우리가 서로 사랑하자 사랑은 하나님께 속한 것이니 사랑하는 자마다 하나님께로 나서 하나님을 알고, 사랑하지 아니하는 자는 하나님을 알지 못하나니 이는 하나님은 사랑이심이라 하나님의 사랑이 우리에게 이렇게 나타난바 되었으니 하나님이 자기의 독생자를 세상에 보내심은 저로 말미암아 우리를 살리려 하심이니라 사랑은 여기 있으니 우리가 하나님을 사랑한 것이 아니요 오직 하나님이 우리를 사랑하사 우리 죄를 위하여 화목제로 그 아들을 보내셨음이니라 사랑하는 자들아 하나님이 이같이 우리를 사랑하셨은즉 우리도 서로 사랑하는 것이 마땅하도다"(요일4:8-11)라고 하신 하나님께서 사랑하는 자녀인 우리에게 필요한 것, 꼭 있어야 할 것을 알고 계신다.

그런데 왜 우리의 필요에 따라 그냥 주시지 않으시고, 우리에게 구하라, 찾으라, 문을 두드리라(마7:7), 너는 내게 부르짖으라 내가 응답하겠고 네가 알지 못하는 크고 비밀한 일을 보이리라(렘33:3)고 말씀하셨을까?

그 이유는 :

1) 집에서 가축(개, 고양이, 소, 양, 돼지, 새 등)을 키워 본 사람은 안다. 집에서 키우는 가축에게 음식이 없거나 물이 없을 때에는, 가축에게 묻지 않고 주인이 알아서 음식과 물을 공급한다.

2) 거지(beggar)가 문 밖에 와서 구걸할 때에도, 주인은 거지에게 묻지 않고, 거지를 긍휼히 여겨 돈이나 음식을 임의로

공급한다.

3) 가정에서 사랑하는 자녀가 음식을 달라고 할 때에, 부모는 사랑하는 자녀에게 무엇을 원하느냐고 물어보고, 자녀가 원하는 음식을 주는 것이 부모의 사랑이다.

4) 손님이 식당에 들어가면, 종업원이 손님에게 무엇을 원하느냐고 물어보고, 손님이 원하는 음식을 주문받는 것이 손님에 대한 예우이다.

자녀는 동물이나 거지와 다르다.

하나님 아버지께서 자녀인 우리를 사랑하시되, 동물이나 거지 같이 취급하지 않으시고 우리를 사랑하는 자녀로 예우하신다는 뜻이다.

하나님께서는 우리의 필요한 것, 우리가 원하는 것을 이미 알고 계시지만, 우리는 이미 하나님의 사랑하는 자녀가 되었으므로, 우리가 원하는 것을 구하며 간구할 때에 우리가 원하는 것, 우리가 소원하는 것 그리고 하나님 보시기에 가장 좋은 것으로 우리에게 응답해 주시는 것이다. 이것이 하나님의 우리에 대한 인격적 사랑이며, 인격적 예우이다.

3. 하나님을 아버지라고 부르는 우리는 항상 기도하며 간구하여야 한다.

1) 하나님 아버지께서는 우리의 필요를 다 알고 계시지만, 성도가 구할 때까지 기다리신다.

하나님 아버지께서는 우리를 사랑하시되 동물이나 구걸하는 거지에게 동냥하듯, 사랑하시지 않고 하나님의 자녀로 예우하시며, 인격적으로 사랑하시기를 원하시기 때문이다.

2) 종의 신분으로 돌아온 탕자를 아버지는 아들의 신분으로 회복시켜주시고 아들로 예우해 주신다.

집을 나간 탕자가 회개하고 집으로 돌아올 때에 "내가 하늘과 아버지께 죄를 얻었사오니 지금부터는 아버지의 아들이라 일컬음을 감당치 못하겠나이다. 나를 품꾼의 하나로 보소서"(눅 15:18-19) 하였으나, 아버지께서는 "저를 보고 측은히 여겨 달려가 목을 안고 입을 맞추며, 종들에게 이르되 제일 좋은 옷을 내어다 입히고, 손에 가락지를 끼우고 발에 신을 신키며, 살진 송아지를 잡아 우리가 먹고 즐기자 하고 이 내 아들은 죽었다가 다시 살아났으며 내가 잃었다가 다시 얻었노라"(눅15:20-24) 하며 아들의 신분을 회복시켜 주신다.

3) 아들은 아버지께 구해야 한다. 아들이 구하면, 아버지는 응답해 주신다.

4) 아들은 구하고 아버지는 가장 좋은 것으로 응답해 주시는 것이 아버지의 인격적 사랑이고, 인격적 예우이다.

ㅇ 누가 우리를 그리스도의 사랑에서 끊으리요 환난이나 곤고나 핍박이나 기근이나 적신이나 위험이나 칼이랴 기록된 바 우리가 종일 주를 위하여 죽임을 당케 되며 도살할 양 같이 여김을 받았나이다 함과 같으니라 그러나 이 모든 일에 우리를 사랑하시는 이로 말미암아 우리가 넉넉히 이기느니라 내가 확신하노니 사망이나 생명이나 천사들이나 권

세자들이나 현재 일이나 장래 일이나 능력이나, 높음이나 깊음이나 다른 아무 피조물이라도 우리를 우리 주 그리스도 예수 안에 있는 하나님의 사랑에서 끊을 수 없으리라 (롬8:35-39)

제14과

예수님이 가르쳐 주신 기도

마태복음 6:9-13, 누가복음 11:1-4
그러므로 너희는 이렇게 기도하라
하늘에 계신 우리 아버지여
이름이 거룩히 여김을 받으시오며
나라이 임하옵시며
뜻이 하늘에서 이룬 것 같이 땅에서도 이루어지이다
오늘날 우리에게 일용할 양식을 주옵시고
우리가 우리에게 죄 지은 자를 사하여 준것 같이
우리 죄를 사하여 주옵시고
우리를 시험에 들게 하지 마옵시고
다만 악에서 구하옵소서
나라와 권세와 영광이
아버지께 영원히 있사옵나이다 아멘(마6:9-13)

예수께서 한 곳에서 기도하시고 마치시매
제자 중 하나가 여짜오되
주여 요한이 자기 제자들에게 기도를 가르친 것과 같이
우리에게도 가르쳐 주옵소서
예수께서 이르시되 너희는 기도할 때에 이렇게 하라
아버지여 이름이 거룩히 여김을 받으시오며

> 나라이 임하옵시며
> 우리에게 날마다 일용할 양식을 주옵시고
> 우리가 우리에게 죄 지은 모든 사람을 용서하오니
> 우리 죄도 사하여 주옵시고
> 우리를 시험에 들게 하지 마옵소서 하라(눅11:1-4)

1. 예수님께서 주기도문을 가르쳐 주신 동기는 무엇인가?

누가복음 11장을 보면, 예수님께서는 제자들에게 주기도를 가르치시기 전에 먼저 예수님의 삶을 통하여 기도를 가르치고 계셨다.

"예수께서 한 곳에서 기도하고 마치시매", 예수님께서 기도하시는 것을 보고, 제자 중 하나가 여짜오되, "주여 요한이 자기 제자들에게 기도를 가르친 것과 같이 우리에게도 가르쳐 주옵소서"하므로 예수님께서 너희는 기도할 때에 이렇게 하라 하시고 주기도를 가르치셨다.

예수님께서는 먼저 주기도를 가르치신 것이 아니고 한 곳에서 먼저 기도하셨고 예수님께서 기도하시는 것을 본 한 제자의 요청에 의하여 제자들에게 주기도를 가르치신 것이다.

당시 예수님의 제자들은 유대인으로서 기도를 많이 하고 있었다. 그러나 예수님께서 하시는 기도생활은 유대인의 기도생활과 많이 달랐다.

2. 주기도문의 구조

마태복음에 의하면, 기도의 대상인 하늘에 계신 우리 아버지의 이름을 먼저 부르고, 6개의 청원과 송영으로 되어 있다. 6개의 청원은 3개의 '당신' 청원과 3개의 '우리' 청원으로 되어 있다.

하늘에 계신 우리 아버지여,
(당신의) 이름이 거룩히 여김을 받으시오며
(당신의) 나라이 임하옵시며
(당신의) 뜻이 하늘에서 이룬 것 같이 땅에서도 이루어지이다

(우리에게) 일용할 양식을 주옵시고
(우리의) 죄를 사하여 주옵시고
(우리를) 시험에 들게 하지 마옵시고 다만 악에서 구하옵소서

먼저 "하늘에 계신 우리 아버지여"를 부른 것은 기도를 받으시는 기도의 대상을 분명히 한 것이다. 그리고 처음 3개의 "당신" 청원은 아버지(당신)의 이름이 거룩히 여김을 받으시오며, (당신)의 나라가 오게 하시며, (당신)의 뜻이 하늘에서 이룬 것 같이 땅에서도 이루어지게 하소서 하는 기도이다.

우리는 종종 나의 필요와 나의 요구를 구하는 것이 기도인 줄 알고, 먼저 자기중심적인 기도를 드리는 경우가 많지만, 주님이 가르쳐 주신 기도는 하나님의 이름, 하나님의 나라, 하나님의 뜻이 먼저 이루어지기를 원하는 하나님 중심의 기도를 먼저 드렸다.

그리고 3개의 우리 청원을 드렸다. '우리' 청원은 현재 필요한 양식과 과거의 죄 문제와 미래의 사탄의 시험과 악에 대한 기도이다.

"오늘날 우리에게 일용할 양식을 주옵시고"는 우리를 창조하시고 다스리시는 하나님 아버지를 생각한 것이고, "우리가 우리에게 죄 지은 자를 사하여 준 것같이 우리 죄를 사하여 주옵시고"는 우리 죄를 구속하시고 우리의 구세주가 되신 성자 하나님을 생각한 것이며, "우리를 시험에 들게 하지 마옵시고 다만 악에서 구하옵소서"는 우리를 인도하시고 보호해주시는 보혜사 성령 하나님을 생각한 기도이다. 그리고 하나님을 송축하는 "나라와 권세와 영광이 아버지께 영원히 있사옵나이다"하는 송영으로 끝이 난다.

3. 주님이 가르쳐 주신 기도의 해설

1) "하늘에 계신 우리 아버지여"란 말의 의미는 무엇인가?
   (1) 주 예수 그리스도를 나의 주, 나의 하나님으로 믿고 고백한 자만 부를 수 있는 고백이다.
   (2) 주 예수 그리스도의 구속사적 의미가 함축되어 있다. 왜냐하면 예수 그리스도를 믿고 구원 받은 자만이 이 기도를 드릴 수 있기 때문이다.
   (3) 주님께서 가르쳐주신 기도의 방법은 먼저 기도를 받으시고 응답하시는 하나님을 부르는 것이다.

2) 하나님의 이름을 거룩하게 한다는 의미는 무엇인가?
   (1) 하나님의 이름을 거룩하게 한다는 의미는 하나님을 경외하고, 그 분께 영광을 돌리고, 그 분을 영화롭게 하며, 그 분

을 높이는 것을 말한다.

(2) 하나님의 이름을 거룩하게 한다는 것은, 하나님의 이름을 망령되이 일컫지 않는 다는 의미이다.

○ 너의 하나님 여호와의 이름을 망령되이 일컫지 말라 나 여호와는 나의 이름을 망령되이 일컫는 자를 죄 없다 하지 아니하리라(출20:7)

(3) 이는 하나님을 경외하는 마음과 겸손한 마음과 감사하는 마음으로 하나님께 영광을 돌리는 것이다(고전6:20).

3) 나라이 임하옵시고는 어떤 의미가 있는가?

(1) 하나님의 나라는 예수 그리스도께서 이 땅에 오심으로 이미 임하였고, "하나님의 나라"는 현재에 임하고 있으며, 또한 장래에 이루어진다(Already but not yet).

(2) 이 간구는 하나님께 그 분의 왕권을 행사해 줄 것을 요청하는 동시에, 사람들에게 하나님 나라의 멍에를 짊어지도록 하여 달라는 이중적 의미를 지니고 있다(마11:29-30).

(3) 이 간구는 하나님의 말씀과 성령의 능력으로 인간들의 마음이 그 분의 의에 순종할 수 있도록 하고 이 지상에 편만해 있는 악의 세력들이 추방되고 올바른 정의가 심어지도록 하여 달라는 뜻이다.

4) 뜻이 하늘에서 이룬 것 같이 땅에서도 이루어지이다는 어떠한 의미인가?

(1) 하나님의 뜻이 하늘에서 온전히 이룬 것 같이, 이 땅에서도 모든 일이 인간의 뜻대로 이루어져서는 안 되고, 오직 하나님의 뜻대로 이루어지기를 기도해야 한다.

(2) 예수님께서 겟세마네 동산에서 기도하실 때에 "나의 원대로 마옵시고 아버지의 원대로 하옵소서"(마26:39)라고 하신 기도에 잘 나타나 있다.

(3) 우리도 간구할 때에 "나의 생각이나, 나의 소원대로" 이루어지기를 간구할 것이 아니라 하나님 아버지의 뜻대로 이루어지기를 간구해야 한다. 왜냐하면 나의 생각보다 하나님 아버지의 뜻이 더 크고 원대하기 때문이다.

5) 오늘날 우리에게 일용할 양식을 주옵시고의 의미는 무엇인가?

우리의 청원 중에 첫 번째는 "오늘날 우리에게 일용할 양식을 주옵시고"이다.

(1) 오늘 우리에게 필요한 하루 동안의 양식을 구하라는 의미이다. 광야시대에 이스라엘 민족에게 주신 일용할 양식 만나(출16:31)는 매일 주셨다. 이는 우리가 하나님의 은혜와 사랑을 매일 구해야하며, 하나님 아버지를 매일 잊지 않고 살아야 함을 뜻한다.

(2) 일용할 양식은 육신의 양식과 영의 양식이 있다. 예수님께서는 사람이 떡으로만 살 것이 아니요 하나님의 입으로 나오는 모든 말씀으로 살 것이라고 하셨고(마4:4), 또한 나의 양식은 나를 보내신 이의 뜻을 행하며 그의 일을 온전히

이루는 이것이니라(요4:34)고 말씀하셨다.

(3) 우리는 매일 매일 쉬지 않고 육신의 양식과 영혼의 양식인 말씀을 하나님 아버지께 간구해야 할 것이다.

6) 우리가 우리에게 죄 지은 모든 사람을 용서하오니 우리 죄도 사하여 주옵시고의 의미는 무엇인가?

(1) 우리가 처음 하나님의 은혜로 예수님을 믿고, 구원을 받을 때에는, 먼저 회개하지 않았는데도 하나님의 은혜로 값없이 대속(代贖) 함을 받았으나, 우리가 하나님의 자녀가 된 후에는 남의 죄를 용서해 주어야만 하나님께서 우리의 죄를 용서하신다는 말씀이다(마6:14-15). 따라서 우리에게 죄 지은 사람을 용서하오니 우리의 죄를 사하여 달라고 기도하는 것이다.

○ 너희가 그 은혜를 인하여 믿음으로 말미암아 구원을 얻었나니 이것이 너희에게서 난 것이 아니요 하나님의 선물이라 행위에서 난 것이 아니니 이는 누구든지 자랑치 못하게 함이니라(엡2:8-9)

(2) 하나님께서 우리의 죄를 대속(代贖) 하실 때에, 우리의 죄만 용서해 주신 것이 아니라, 우리를 죄인에서 의인으로(롬3:24), 새로운 피조물(고후5:17)로, 곧 마귀의 자녀(요8:44)에서 하나님의 자녀(요1:12)로 바꾸어 주시고, 하나님의 자녀의 속성인 사랑할 수 있고, 용서할 수 있는 능력도 함께 주신 것이다. 따라서 하나님의 자녀가 된 우리는 남의 과실을 용서 하여야만 한다.

- 너희가 사람의 과실을 용서하면 너희 천부께서도 너희 과실을 용서하시려니와 너희가 사람의 과실을 용서하지 아니하면 너희 아버지께서도 너희 과실을 용서하지 아니하시리라 (마6:14-15)

(3) 만일 남의 과실을 용서하지 못했을 때에는 우리의 죄를 회개하고 남의 과실을 용서하여야 한다. 하나님 아버지께서는 우리가 죄를 자백하고 회개하면 용서해 주신다.

- 만일 우리가 우리 죄를 자백하면 저는 미쁘시고 의로우사 우리 죄를 사하시며 모든 불의에서 우리를 깨끗케 하실 것이요(요일1:9)

(4) 하나님 아버지께서는 용서해 주신 우리의 모든 죄를 기억하시지 않으신다.

- 나 곧 나는 나를 위하여 네 허물을 도말하는 자니 네 죄를 기억지 아니하리라(사43:25)

- 그들이 다시는 각기 이웃과 형제를 가리켜 이르기를 너는 여호와를 알라 하지 아니하리니 이는 작은 자로부터 큰 자까지 다 나를 앎이니라 내가 그들의 죄악을 사하고 다시는 그 죄를 기억지 아니하리라 여호와의 말이니라(렘31:34)

- 또 저희 죄와 저희 불법을 내가 다시 기억지 아니하리라 하셨으니 이것을 사하셨은 즉 다시 죄를 위하여 제사드릴 것이 없느니라(히10:17-18)

(5) 우리는 먼저 남의 과실을 용서하고 하나님 아버지께 기도

하여야 한다.

○ 서서 기도할 때에 아무에게나 혐의가 있거든 용서하라 그리하여야 하늘에 계신 너희 아버지도 너희 허물을 사하여 주시리라 하셨더라(막11:25)

7) 우리를 시험에 들게 하지 마옵시고 다만 악에서 구하옵소서의 의미는 무엇인가?

(1) 성도의 신앙생활에는 사탄의 방해와 넘어지게 하는 유혹의 시험이 있다. 따라서 성도는 늘 깨어 기도하며, 사탄의 모든 유혹과 시험을 기도로 물리쳐야 한다.

(2) 성도가 바른 신앙생활을 하려면, 항상 죄악에 빠지지 않도록 늘 깨어 하나님의 말씀과 기도로 거룩하게 믿음으로 살아야 한다.

○ 시험에 들지 않게 깨어 있어 기도하라 마음에는 원이로되 육신이 약하도다(마26:41)

○ 기도를 항상 힘쓰고 기도에 감사함으로 깨어 있으라(골4:2)

○ 하나님의 말씀과 기도로 거룩하여짐이니라(딤전4:5)

○ 복음에는 하나님의 의가 나타나서 믿음으로 믿음에 이르게 하나니 기록된 바 오직 의인은 믿음으로 말미암아 살리라 함과 같으니라(롬1:17)

주기도는 예수 그리스도께서 하나님 나라의 복음을 선포하시므로, 이 땅에 새롭게 이루실 하나님 나라 백성 공동체의 정체성을 결정하는 기도문이다.

따라서 먼저 이 땅에서 하나님 아버지의 이름이 거룩히 여김을 받으시며, 하나님 나라의 임하심과 하나님의 뜻이 땅에서 이루어지심으로 우리에게 오는 축복들 즉 일용할 양식과 죄의 용서와 악과 시험으로부터의 보호를 청원하는 기도이다. 그리고 하나님을 송축하는 "나라와 권세와 영광이 아버지께 영원히 있사옵나이다"하는 송영으로 끝이 난다. 또한 주님께서는 "너희는 기도할 때에 이렇게 기도하라"(마6:9)고 하셨지, "이런 기도를 하라"고 하시지 않으셨다. 따라서 주기도는 예수님께서 제자들에게 가르쳐 주신 기도의 모범이며, 바른 기도의 모형인 것이다.

제15과

먼저 용서하고 기도하라

마태복음 6:14-15, 18:21-35, 마가복음11:25

너희가 사람의 과실을 용서하면
너희 천부께서도 너희 과실을 용서하시려니와
너희가 사람의 과실을 용서하지 아니하면
너희 아버지께서도 너희 과실을
용서하지 아니하시리라 (마6:14-15)

서서 기도할 때에 아무에게나 혐의가 있거든 용서하라
그리하여야 하늘에 계신 너희 아버지도 너희 허물을
사하여 주시리라(막11:25)

그 때에 베드로가 나아와 가로되
주여 형제가 내게 죄를 범하면 몇 번이나 용서하여 주리이까
일곱 번까지 하오리이까
예수께서 가라사대 네게 이르노니 일곱 번 뿐 아니라
일흔 번씩 일곱 번이라도 할지니라
이러므로 천국은 그 종들과 회계하려 하던 어떤 임금과 같으니
회계할 때에 일만 달란트 빚진 자 하나를 데려오매
갚을 것이 없는지라 주인이 명하여
그 몸과 처와 자식들과 모든 소유를 다 팔아 갚게 하라 한 대

그 종이 엎드리어 절하며 가로되
내게 참으소서 다 갚으리이다 하거늘
그 종의 주인이 불쌍히 여겨
놓아 보내며 그 빚을 탕감하여 주었더니
그 종이 나가서 제게 백 데나리온 빚진 동관 하나를 만나
붙들어 목을 잡고 가로되 빚을 갚으라 하매
그 동관이 엎드리어 간구하여 가로되
나를 참아 주소서 갚으리이다 하되 허락하지 아니하고
이에 가서 저가 빚을 갚도록 옥에 가두거늘
그 동관들이 그것을 보고 심히 민망하여
주인에게 가서 그 일을 다 고하니
이에 주인이 저를 불러다가 말하되
악한 종아 네가 빌기에 내가 네 빚을 전부 탕감하여 주었거늘
내가 너를 불쌍히 여김과 같이
너도 네 동관을 불쌍히 여김이 마땅치 아니하냐 하고
주인이 노하여 그 빚을 다 갚도록 저를 옥졸들에게 붙이니라
너희가 각각 중심으로 형제를 용서하지 아니하면
내 천부께서도 너희에게 이와 같이 하시리라(마18:21-35)

1. 기도하는 사람은 하나님 아버지께 기도하기 전에 먼저 다른 사람의 죄나 허물이나 과실을 반드시 모두 용서하고 기도하여야 한다.

2. 나의 기도가 막히지 않기 위해서는 다른 사람의 과실을 용서해야 한다(시66:18, 사1:15, 59:1-3, 렘5:25).

3. 하나님께 용서 받은 사람은 이미 새로운 피조물, 거듭난 사

람이 되었으므로 다른 사람을 사랑할 수 있는 능력과 남의 과실을 용서할 수 있는 능력을 하나님께로부터 받은 사람이다(요13:34, 마18:21-35).

4. 하나님을 사랑하는 자는 반드시 이웃을 사랑해야 한다. 하나님의 사랑에는 용서가 포함되어 있다.

5. 하나님을 믿고 있으면서도 다른 사람의 과실을 용서할 수 없는 자는,
   1) 하나님을 믿지 않는 자이거나(마18:21-35)
   2) 믿음이 연약한 육신에 속한 자이다(고전3:1-3).

6. 하나님께 용서 받은 사람은 반드시 다른 사람의 잘못이나 과실을 용서해야 한다. 그렇지 않으면 하나님께서 용서하지 않으신다.

하나님의 용서

하나님의 용서는 그 사람의 죄는 물론 그 사람을 용서하신다. 하나님께서는 우리의 죄를 용서하시고, 우리를 죄인에서 의인이 되게 하신다.

○ 사랑하지 아니하는 자는 하나님을 알지 못하나니 이는 하나님은 사랑이심이라 하나님의 사랑이 우리에게 이렇게 나타난 바 되었으니 하나님이 자기의 독생자를 세상에 보내심은 저로 말미암아 우리를 살리려 하심이니라 사랑은 여기 있으니 우리가 하나님을 사랑한 것이 아니요 오직 하나님이 우리를 사랑하사 우리 죄를 위하여 화목제로 그 아들

을 보내셨음이니라 사랑하는 자들아 하나님이 이같이 우리를 사랑하셨은즉 우리도 서로 사랑하는 것이 마땅하도다(요일4:8-11)

- 만일 우리가 우리 죄를 자백하면 저는 미쁘시고 의로우사 우리 죄를 사하시며 모든 불의에서 우리를 깨끗케 하실 것이요(요일1:9)

- 또 저희 죄와 저희 불법을 내가 다시 기억지 아니하리라 하셨으니 이것을 사하셨은즉 다시 죄를 위하여 제사드릴 것이 없느니라(히10:17-18)

- 나 곧 나는 나를 위하여 네 허물을 도말하는 자니 네 죄를 기억지 아니하리라(사43:25)

예수님의 용서

- 새 계명을 너희에게 주노니 서로 사랑하라 내가 너희를 사랑한 것 같이 너희도 서로 사랑하라 너희가 서로 사랑하면 이로써 모든 사람이 너희가 내 제자인 줄 알리라(요13:34-35)

1) 예수님의 용서는 죄인(롬3:10, 23, 6:23)을 의인(롬3:24, 5:1)으로, 새로운 피조물(고후5:17)이 되게 하신다.

2) 예수님의 용서는 마귀의 자녀(요8:44)를 하나님의 자녀(요1:12)가 되게 하신다.

3) 예수님의 용서는 남을 사랑할 수 없는 사람을 사랑할 수 있는 사람이 되게 하신다(요13:34-35).

4) 예수님의 용서는 남을 용서할 수 없는 사람을 용서할 수 있는 사람이 되게 하신다(마18:22).

하나님의 은혜와 사랑으로 10000달란트의 죄의 빚을 용서받은 사람이, 100데나리온의 남의 잘못, 남의 실수의 빚을 용서하지 못하고, 사랑할 수 없다면, 그는 하나님의 은혜로 용서받은 사람, 거듭난 사람, 새로운 피조물이 된 것이 아니다. 그는 예수 그리스도를 믿는 사람이 아니다. 따라서 그는 다시 감옥으로 들어가야 한다(마18:29-35).

사람의 용서

사람의 용서는 다른 사람의 과오나 잘못은 용서할 수 있어도 그 사람을 죄인에서 의인으로 만들 수는 없다.

○ 그때에 베드로가 나아와 가로되 주여 형제가 내게 죄를 범하면 몇 번이나 용서하여 주리이까 일곱 번까지 하오리이까 예수께서 가라사대 네게 이르노니 일곱 번 뿐 아니라 일흔 번씩 일곱 번이라도 할지니라(마18:21-22)

그러나 하나님의 은혜와 사랑으로 용서받은 사람은 예수 그리스도 안에서 하나님의 자녀가 되는 권세와 능력을 받았으므로, 의롭다고 칭함을 받고, 이웃을 용서할 수 있는 능력과 이웃을 사랑할 수 있는 능력도 함께 받은 새로운 피조물이 된 것이다.

따라서 은혜를 인하여 믿음으로 말미암아 구원받은 사람은 이웃의 과오나 잘못을 반드시 용서할 수 있어야 한다. 만일 하나님을 믿는다고 하면서도 이웃의 과오나 잘못을 용서할 수 없고, 사랑할 수 없다면 이는 하나님을 믿지 않는 자이거나, 아직 믿음이 연약한 어린 신앙인인 것이다(고전2:14-3:3).

○ 육에 속한 사람은 하나님의 성령의 일을 받지 아니하나니 저희에게는 미련하게 보임이요 또 깨닫지도 못하나니 이런 일은 영적으로라야 분변함이니라 신령한 자는 모든 것을 판단하나 자기는 아무에게도 판단을 받지 아니하느니라 누가 주의 마음을 알아서 주를 가르치겠느냐 그러나 우리가 그리스도의 마음을 가졌느니라 형제들아 내가 신령한 자들을 대함과 같이 너희에게 말할 수 없어서 육신에 속한 자 곧 그리스도 안에서 어린아이들을 대함과 같이 하노라 내가 너희를 젖으로 먹이고 밥으로 아니 하였노니 이는 너희가 감당치 못하였음이거니와 지금도 못하리라 너희가 아직도 육신에 속한 자로다 너희 가운데 시기와 분쟁이 있으니 어찌 육신에 속하여 사람을 따라 행함이 아니리요(고전2:14-3:3)

용서의 문제는 '행위' 곧 이행득의(以行得義)의 문제가 아니고, '믿음' 곧 이신칭의(以信稱義)의 문제이다.

"자신은 예수님을 믿는 자"라고 하나, "남을 용서할 수 없는 사람"은 옥에 들어가야 한다(마18:23-35).

예수님을 믿는다는 것은 나의 입술이나, 나의 생각이나, 나의 힘으로 믿는 것이 아니고, 성령님의 도우심으로, 예수 그리스도 안에서 새 사람이 되어, 나의 인격, 나의 삶 전체로 예수님을 나의 주, 나의 하나님으로 믿는 것이다.

제16과

금식기도 할 때에 이렇게 하라

마태복음 6:16-18

금식할 때에 너희는 외식하는 자들과 같이
슬픈 기색을 내지 말라
저희는 금식하는 것을 사람에게 보이려고
얼굴을 흉하게 하느니라
내가 진실로 너희에게 이르노니
저희는 자기상을 이미 받았느니라
너는 금식할 때에 머리에 기름을 바르고 얼굴을 씻으라
이는 금식하는 자로 사람에게 보이지 않고
오직 은밀한 중에 계신 네 아버지께 보이게 하려 함이라
은밀한 중에 보시는 네 아버지께서 갚으시리라

○ 여호와의 말씀에 너희는 이제라도 금식하며 울며 애통하고 마음을 다하여 내게로 돌아오라 하셨나니(욜2:12)

○ 여호와께서는 모세에게 일러 칠월 십일은 속죄일이니 너희

에게 성회라 너희는 스스로 괴롭게 하며 여호와께 화제를 드리고 이날에는 아무 일도 하지 말 것은 너희를 위하여 너희 하나님 여호와 앞에 속죄할 속죄일이 됨이니라(레23: 26-28)

1. 여호와께서 이스라엘 자손에게 너희는 금식일을 정하고, 이제라도 금식하며, 울며, 애통하고 마음을 다하여 회개하고 내게로 돌아오라고 말씀하신다.

2. 이스라엘 백성은 매년 칠월 십일은 속죄일로 정하여 성회로 모여 금식하고 회개하며 속죄제를 드렸다. 이스라엘 백성에게 속죄일은 회개하며, 애통하는 날이며, 금식하는날(절기)로 정해져있다. 유대력의 "욤(yom) 키푸르(kippur)"로 정해진 속죄일은 아직도 정통 유대인에 의해 금식일로 지켜지고 있다.

1) 구약의 금식기도는 자신의 죄를 회개하며, 금식으로 스스로 자신을 괴롭히는 기도다.

유대인의 금식하는 날(절기)은 속죄하는 날로, 애통하며 회개하는 날이다.

유대인의 금식기도는 하나님의 영광을 위하여 자신의 죄를 회개하며 애통해 하는 것이다(레23:26-32, 민29:7, 슥7:5-6, 시35:13, 욜2:12, 행27:9, 고전10:31).

2) 예수님은 성령님이 마리아에게 임하시고 지극히 높으신 이의 능력으로 오신(눅1:35) 하나님의 아들이시며 죄가 없으신(히4:15) 하나님이시다.

3) 죄가 없으신 하나님이시므로 죄를 회개하거나, 죄로 인하여 애통하며 금식하실 필요가 없는 분이시다(요일3:5, 고후5:21).

4) 왜 예수님께서는 사십일 금식기도로 공생애를 시작하셨을까?

그 이유는 예수님을 믿고 따르는 제자들은 금식기도가 필요하기 때문에(엡2:1-2) 제자들에게 바른 금식기도를 가르치시기 위하여 예수님께서 몸소 금식기도를 행하심으로, 제자들에게 금식기도의 모범을 보여 주시기 위하여, 친히 40일 금식기도를 행하심으로, 금식기도의 방법과 내용과 시기와 사람이 할 수 있는 금식기도의 기한을 삶을 통하여 교육하신 것이다(행9:8-9, 13:2-3).

- 시기 : 공생애를 시작하시면서
- 기한 : 40일
- 장소 : 광야
- 방법 및 내용 : 일체 음식을 잡수시지 않으심

성경에 나타난 금식기도

1. 구약의 금식기도

1) 하나님의 가르치심

  (1) 하나님께서 금식하고 회개하며 내게 돌아오라고 명령하신다(욜1:14, 2:12-17).

  (2) 하나님이 기뻐하시는 금식기도(사58:6-7)

  (3) 하나님이 기뻐하시는 금식기도의 결과(사58:8-11)

(4) 하나님이 싫어하시는 금식기도(사58:3-5)

2) 구약의 금식기도의 시기

   (1) 모세가 시내 산에서 하나님께 십계명을 받을 때(출34:28)

   (2) 이스라엘 민족이 속죄일에 회개기도 할 때(레23:26-29)

   (3) 이스라엘이 국가적인 위기를 당하여 하나님 앞에 회개할 때(삼상7:5-6)

   4) 하나님의 백성이 실패와 어려움을 당했을 때(삿20:26-28, 삼상31:11-13)

   (5) 하나님의 징계로 가정적인 환난이 왔을 때(삼하12:16)

   (6) 하나님의 백성들이 환난을 당했다는 소식을 들었을 때(느1:3-4)

   (7) 하나님의 백성에게 재난이 임박했을 때에(애4:16)

   (8) 큰 근심과 걱정이 있을 때에(단6:18-20)

   (9) 죄를 짓고 참회하는 마음으로 하나님께로 돌아올 때(욜2:12-17)

2. 신약의 금식기도

1) 예수님의 금식기도(마4:1-2, 눅4:1-13)

2) 예수님의 가르치심(마6:16-18)

3) 신약의 금식기도의 시기

   (1) 예수님이 공생애를 시작하실 때(눅4:1-2, 마4:1-2)

(2) 사울(바울)이 처음 예수님을 만난 후 회개 기도할 때(행 9:8-9)

(3) 바나바와 바울을 선교사로 파송 할 때(행13:1-3)

(4) 교회를 위한 장로 장립을 할 때(행14:21-23)

3. 금식기도의 의의

1) 자신을 괴롭히며 회개하는 기도(레23:26-32, 레16:1-34, 민 29:7-11)

금식하는 날(절기)=죄를 속죄하는 날=회개하며 애통해 하는 날

금식은 어떤 면에서 슬픔의 한 형태라고 볼 수 있다. 심적인 면에서 어느 누구도 슬픔을 반가워하지 않듯이 육체적인 면에서 아무도 금식을 즐거워하지는 않는다. 그러나 금식은 영적인 면에서뿐만 아니라, 육체적인 면에서도 우리에게 큰 유익을 가져다 준다(시35:13, 행27:9, 고전9:27).

2) 육체의 소욕을 이기는 기도(갈5:17)

금식 기도는 인간의 육체적 본능에 의하여 생기는 것과 성령을 거스리는 두 개의 커다란 죄의 문제를 해결해 준다.

올바른 금식기도는 자기의 뜻을 고집하는 영혼과 자기의 욕망을 고집하는 육체를 쳐서 복종시킨다.

금식기도를 통하여 변하는 것은 하나님이 아니라 금식기도 하는 사람이다. 우리는 금식기도를 하므로 소화기관과 식욕을 가진 우리의 몸을 사나운 주인이 아닌 충실한 종으로 만들어야 한다. 내 위(胃)는 나에게 식사시간을 가르쳐주지 않지만, 나는 내

위에게 항상 시간에 맞춰 먹을 것을 공급하고 있다. 내 위는 항상 나에게 주인 노릇을 하고 있고 나는 내 위에게 종노릇을 하고 있는 것이다.

그러나 내가 금식하고 있을 때에는 내가 내 위에게 말할 수 있다. 금식기도 할 동안은 너는 나의 종이야 내가 너의 주인이란 말이야 하고 말할 수 있다.

3) 하나님의 뜻을 이루는 기도(엡3:20)

금식기도로서 육체적 소욕을 제거한다면 하나님께서 약속하신 성령의 역사가 우리 가운데 넘치도록 채워질 것이다.

4. 금식기도의 필요성

1) 금식기도는 하나님이 기뻐하시는 일이다(사58:6).

2) 금식기도는 하나님을 섬기는 일이다(행13:2).

3) 금식기도는 하나님을 위하여 하는 일이다(슥7:5).

4) 금식기도는 육신과 싸우는 영적 투쟁이다(고전9:27).

5) 금식기도는 죄를 참회하며 슬퍼하는 일이다(삼하12:15-17, 욘3:5, 마9:15).

6) 금식기도는 믿음의 역사를 일으키는 일이다(마17:20-21).

7) 금식기도는 의와 평강과 희락을 위한 일이다(롬14:17).

5. 금식기도에 임하는 태도

1) 금식하고자 하는 마음은 하나님께서 주신 것이라는 믿음을 가질 것(롬1:17, 히11:6)

2) 금식하는 영적 목표가 무엇인지 분명히 알 것(마6:33, 빌 3:13-14, 골3:1-3)

3) 하나님이 기뻐하시는 금식기도를 할 것(사58:1-12)

4) 자신과 남을 위한 금식기도를 할 것(빌2:4)

5) 사람에게 보이려고 하지 말 것(마6:16-18)

6) 애통하는 마음으로 할 것(시69:10-11)

7) 하나님 앞에 겸허한 마음으로 할 것(시35:13)

8) 주님을 더욱 섬기고자 하는 마음으로 할 것(눅2:37, 행13:2)

9) 회개하는 마음으로 할 것(욘3:3-6, 마5:4)

10) 금식기도도 기도임으로 기도의 원칙에서 벗어나지 않아야 한다.

11) 하나님께서 기뻐하시지 않는 잘못된 금식기도(사58:3-5)

가) 금식기도 하는 날에 오락을 한다.

나) 금식기도 하는 날에 온갖 세상일을 한다.

다) 금식기도 하면서 다투며, 싸우며, 악한 주먹으로 친다.

라) 금식기도를 인간의 목소리로 상달케 한다.

마) 금식기도 하는 날에 슬프거나 힘들다는 기색을 한다.

바) 금식기도 하는 것을 자랑하거나 사람에게 나타내기를 좋아한다.

사) 금식기도를 하면서 부부관계를 한다(고전7:5).

아) 금식기도 할지라도 내가 듣지 아니하리라(렘14:10-12).

○ 여호와께서 이 백성에 대하여 말씀하시되 그들이 어그러진

길을 사랑하여 그 발을 금하지 아니하므로 나 여호와가 그들을 받지 아니하고 이제 그들의 죄를 기억하고 그 죄를 벌하리라 하시고 여호와께서 또 내게 이르시되 너는 이 백성을 위하여 복을 구하지 말라 그들이 금식할지라도 내가 그 부르짖음을 듣지 아니하겠고 번제와 소제를 드릴지라도 내가 그것을 받지 아니할 뿐 아니라 칼과 기근과 염병으로 그들을 멸하리라(렘14:10-12)

신구약의 많은 하나님의 종들은 금식기도로 자신을 다스렸으며, 금식기도로 하나님의 뜻을 그들의 삶속에 성취시켰다. 모세도(출34:28), 사무엘도(삼상7:5-6), 다윗도(삼하12: 16), 아합 왕도(왕상21:27), 여호사밧 왕도(대하20:3), 에스라도(스8:23), 느헤미야도(느1:4), 에스더도(에4:16), 다니엘도(단9:3), 예수님도(마4:2), 바울과 바나바도(행13:3) 금식기도 하였다.

미국 16대 대통령 아브라함 링컨은 재직시 의회 상하 양원 결의에 의하여 세 번 국가적인 금식기도를 선포하였다.

그 이유는 미국이 누리고 있는 축복은 동시에 심각한 국가적 위기의 원인이 될 수 있는 자만과 자기만족의 태도를 낳게 했으며, 따라서 미국은 하나님 아버지께 더 이상 기도할 필요를 느끼지 않게 되었다고 통회 자복하는 금식기도를 세 번 선포한 것이다(1861. 9. 마지막 수요일, 1863. 4. 마지막 수요일, 1864. 8. 첫째 수요일).

6. 금식기도에 수반해야 할 내용들

1) 반드시 기도할 것(눅2:27)

2) 반드시 죄를 자복할 것(느9:1-2)

3) 울며 애통하며 회개할 것(욜2:12)

4) 겸허한 마음과 겸비한 태도를 가질 것(느9:1, 대하7:14)

5) 반드시 성경말씀을 읽을 것(렘36:6, 느9:1-3)

40일 금식기도를 하는 사람은 반드시 40일 동안에 신구약 성경말씀을 통독하도록 한다. 구약 929장 1331페이지, 신약260장 423페이지 합계1189장 1754페이지이므로 하루에 44페이지(22장)씩 매일 읽으면 40일 안에 통독할 수 있다.

또한 하루, 이틀, 삼일 등 단기간 금식기도 하는 사람도 금식기도 기간 중에는 반드시 일정한 분량의 성경을 통독하면서 금식기도 하는 것이 좋다.

제17과

보물을 하늘에 쌓아두라

마태복음 6:19-21

너희를 위하여 보물을 땅에 쌓아 두지 말라
거기는 좀과 동록이 해하며
도적이 구멍을 뚫고 도적질하느니라
오직 너희를 위하여 보물을 하늘에 쌓아 두라
거기는 좀이나 동록이 해하지 못하며
도적이 구멍을 뚫지도 못하고 도적질도 못하느니라
네 보물 있는 그 곳에는 네 마음도 있느니라

1. 오직 너희를 위하여 보물을 하늘에 쌓아 두라.

   1) 예수님께서는 제자들에게 너희를 위하여 보물을 땅에 쌓아 두지 말고 하늘에 쌓아 두라고 말씀하신다.

   그 이유는 땅에는 좀과 동록과 도적이 있기 때문이라고 하신다.

   2) 땅에 쌓아 두지 말라고 하신 그 보물(treasures)은 과연 어떤

것인가?

세상 사람들이 귀하게 여기는 것은 일반적으로 금, 은, 재산, 돈, 자녀, 건강, 명예 등 세상에 있는 것들이다.

이러한 것들을 땅에 쌓아 두면 모든 것들은 헛된 것이라고 전도서는 말씀하고 있다(전1:2-3).

3) 여기서 좀(moth)과 동록(rust)과 도적(thieves)은 무엇을 의미하는가?

좀과 동록과 도적은 우리를 믿음에서 넘어지게 하는 사탄을 의미한다.

  ○ 도적이 오는 것은 도적질 하고 죽이고 멸망시키려는 것뿐이요 내가 온 것은 양으로 생명을 얻게 하고 더 풍성히 얻게 하려는 것이다(요10:10)

4) 예수님께서 하늘에 쌓아 두라고 말씀하신 보물은 신령한 것이다.

우리는 예수 그리스도를 믿으면 새로운 피조물이 된다(고후 5:17). 그리고 예수 그리스도를 믿은 후에는 신령한 보물을 소유하게 된다. 그것은 믿음, 기도, 말씀, 성령의 열매(사랑, 희락, 화평, 오래 참음, 자비, 양선, 충성, 온유, 절제) 그리고 예수 그리스도를 마음에 소유하게 된다(요15:4-7).

2. 하늘에 쌓아두면, 좀과 동록과 도적이 해하지 못한다.

1) 참된 보물을 도적맞은 성도들이 있다.

좀과 동록과 도적에 의해 우리가 갖고 있는 신령한 보물인 믿음에 녹이 슬고, 믿음을 도적맞은 성도들이 있다.

2) 성도들 중에 하나님의 말씀과 기도를 도적맞은 성도들이 있다.

하나님의 말씀을 매일 읽지 않는 성도, 기도를 쉬는 성도가 있다.

3) 성도들 중에 좀과 동록과 도적에게 성령의 열매를 도적맞아 영적으로 병든 성도가 있다.

(1) 하나님께서 주신 거룩한 사랑(Agape)을 도적맞은 성도들이 있다.

○ 새 계명을 너희에게 주노니 서로 사랑하라 내가 너희를 사랑한 것같이 너희도 서로 사랑하라(요13:34)

○ 사랑하는 자들아 하나님이 이같이 우리를 사랑하셨은즉 우리도 서로 사랑하는 것이 마땅하도다 어느 때나 하나님을 본 사람이 없으되 만일 우리가 서로 사랑하면 하나님이 우리 안에 거하시고 그의 사랑이 우리 안에 온전히 이루느니라(요일4:11-12)

○ 우리가 사랑함은 그가 먼저 우리를 사랑하셨음이라. 누구든지 하나님을 사랑하노라 하고 그 형제를 미워하면 이는 거짓말 하는 자니 보는 바 그 형제를 사랑치 아니하는 자가 보지 못하는바 하나님을 사랑할 수가 없느니라 우리가 이 계명을 주께 받았나니 하나님을 사랑하는 자는 또한 그 형제를 사랑할 지니라(요일4:19-21)

(2) 하나님께서 주신 기쁨(Joy)을 도적맞은 성도들이 있다.
좀이 갉아먹은 기쁨, 녹슨 기쁨, 사탄에게 도적맞은 기쁨

○ 주 안에서 기뻐하라 내가 다시 말하노니 기뻐하라(빌4:4)

(3) 하나님께서 주신 평안(Peace)을 도적맞은 성도들이 있다.
좀이 갉아 먹은 평안, 녹슨 평안, 사탄에게 도적맞은 평안

○ 평안을 너희에게 끼치노니 곧 나의 평안을 너희에게 주노라 내가 너희에게 주는 것은 세상이 주는 것 같지 아니 하나라 너희는 마음에 근심도 말고 두려워하지도 말라(요14:27)

(4) 하나님께서 주신 오래 참음(Patience)을 도적맞은 성도들이 있다.
좀이 갉아 먹은 인내심, 녹슨 인내심, 사탄에게 도적맞은 오래 참음

(5) 하나님께서 주신 자비(Kindness)를 도적맞은 성도들이 있다.
좀이 갉아먹은 자비, 녹슨 자비, 사탄에게 도적맞은 자비심

○ 너희는 하나님의 택하신 거룩하고 사랑하신 자처럼 긍휼(Compassion)과 자비(Kindness)와 겸손(Humility)과 온유(Gentleness)와 오래 참음(Patience)을 옷 입고(골3:12)

(6) 하나님께서 주신 양선(Goodness)을 도적맞은 성도들이 있다.
좀이 갉아먹은 양선, 녹슨 양선, 사탄에게 도적맞은 양선

(7) 하나님께서 주신 충성(Faithfulness)을 도적맞은 성도들이 있다.
좀이 갉아먹은 충성, 녹슨 충성, 사탄에게 도적맞은 충성

○ 그리고 맡은 자들에게 구할 것은 충성이니라(고전4:2)

(8) 하나님께서 주신 온유(Gentleness)를 도적맞은 성도들이 있다. 좀이 갉아먹은 온유, 녹슨 온유, 사탄에게 도적맞은 온유

○ 나는 마음이 온유하고 겸손하니 나의 멍에를 메고 내게 배우라. 그러면 너희 마음이 쉼을 얻으리라(마11:29).

(9) 하나님께서 주신 절제(Self control)를 도적맞은 성도들이 있다. 좀이 갉아먹은 절제, 녹슨 절제, 사탄에게 도적맞은 절제

3) 우리는 어떻게 우리의 신령한 보물을 하늘에 쌓아 둘 수 있나?

(1) 하나님의 말씀과 기도생활과 거룩한 삶을 통하여 하늘에 보물을 쌓아야 한다.

(2) 하나님의 말씀을 매일 읽고, 묵상하고, 암송하고 기도하므로 신령한 보물을 하늘나라에 쌓아야 한다.

(3) 매일 계속해서 기도하므로 하늘에 믿음의 열매를 쌓아야 한다.

가. 매일 회개 기도하므로 하나님과 사랑의 관계를 회복한다 (시66:18).

나. 매일 깨어서 기도하므로 사탄의 시험을 이길 수 있다(마 26:41).

다. 매일 쉬지 않고 기도하므로 성화(聖化)를 이루어 나간다 (딤전4:5).

라. 성도의 기도는 하나님께 올라가는 향연(香煙)이다(계8:3-4).

마. 이웃을 위한 사랑의 도고기도가 하늘나라 향로에 쌓여지는 보물이다.

제18과

마음의 눈을 뜨고 기도하라

마태복음 6:22-23

눈은 몸의 등불이니
그러므로 네 눈이 성하면 온몸이 밝을 것이요
눈이 나쁘면 온몸이 어두울 것이니
그러므로 네게 있는 빛이 어두우면
그 어두움이 얼마나 하겠느뇨

1. 눈은 몸의 등불이라 함은, 눈은 빛이 아니고 몸을 빛으로 인도하는 등불과 같은 안내자라는 뜻이다. 따라서 눈이 성하면 온몸이 빛으로 인도함을 받아 밝을 것이요, 눈이 나쁘면 온몸이 빛으로 인도함을 받지 못하여 어두울 것이며 네게 있는 빛이 어두우면 그 어두움이 얼마나 (심)하겠느냐고 하신다.

2. 여기서 눈(眼)이라 함은 육신(肉身)의 눈(眼)이 아니고 영적(靈的)인 신령(神靈)한 눈(眼)을 뜻한다. 신령한 눈이 밝아야

하나님 아버지의 뜻을 헤아릴 수 있는 것이다(요일2:15-17).

3. 신령한 눈은 이 세상이나 세상의 것을 바라보는 육신의 눈이 아니고, 하나님 나라와 위엣 것을 바라보며, 예수 그리스도를 바라보는 마음의 눈(心眼), 하나님을 사랑하는 거룩한 눈, 성령님이 깨우쳐 주시는 영안(靈眼)을 뜻한다.

눈과 몸과 등불, 그리고 마음과 빛의 관계를 보자

1) 눈에는 육신의 눈과 거룩한 마음의 눈 곧 영적인 눈(靈眼)이 있다.

2) 눈은 몸의 등불(The Lamp of the body)이고, 몸의 안내자(Guider)이다.
따라서 영적인 눈 곧 마음의 눈은 빛을 향해야 한다.

3) 눈이 좋고 성하면(Your eyes are good) 온몸이 밝을 것이고, 눈이 나쁘면(If your eyes are bad) 온몸이 어두울 것이다.

4) 등불이 꺼져 있고, 안내자에게 등불이 없다면, 그 어두움이 얼마나 (심)하겠느냐?

5) 영적인 눈, 마음의 눈은 항상 빛을 향해야 하며, 참 빛은 오직 예수 그리스도 한 분뿐이시다. 따라서 신령한 영의 눈, 마음의 눈, 믿음의 눈은 참 빛 되신 예수 그리스도를 바라보아야한다.

  ○ 믿음의 주요 또 온전케 하시는 이인 예수를 바라보자 저는 그 앞에 있는 즐거움을 위하여 십자가를 참으사 부끄러움을

개의치 아니하시더니 하나님 보좌 우편에 앉으셨느니라(히 12:2)

6) 믿음의 사람은 영적인 눈, 마음의 눈, 믿음의 눈을 크게 뜨고, 하나님의 말씀과 기도로 거룩하게 살아야 한다.

7) 믿음의 성도는 쉬지 않고 기도하며, 말씀을 붙잡고 믿음으로 살아야 한다(롬1:17).

o 이 세상이나 세상에 있는 것들을 사랑치 말라 누구든지 세상을 사랑하면 아버지의 사랑이 그 속에 있지 아니하니 이는 세상에 있는 모든 것이 육신(肉身)의 정욕과 안목(眼目)의 정욕과 이 생(生)의 자랑이니 다 아버지께로 좇아 온 것이 아니요 세상으로 좇아 온 것이라 이 세상도, 그 정욕도 지나가되 오직 하나님의 뜻을 행하는 이는 영원히 거하느니라(요일2:15-17)

o 우리 주 예수 그리스도의 하나님, 영광의 아버지께서 지혜와 계시의 정신을 너희에게 주사 하나님을 알게 하시고 너희 마음눈을 밝히사 그의 부르심의 소망이 무엇이며 성도 안에서 그 기업의 영광의 풍성이 무엇이며 그의 힘의 강력으로 역사하심을 따라 믿는 우리에게 베푸신 능력의 지극히 크심이 어떤 것을 너희로 알게 하시기를 구하노라(엡1:17-19)

참 빛은 누구인가?

1) 예수 그리스도는 사람들의 빛이시다.

o 태초에 말씀이 계시니라 이 말씀이 하나님과 함께 계셨으니

이 말씀은 곧 하나님이시니라 그가 태초에 하나님과 함께 계셨고 만물이 그로 말미암아 지은바 되었으니 지은 것이 하나도 그가 없이는 된 것이 없느니라 그 안에 생명이 있었으니 이 생명은 사람들의 빛이라 빛이 어두움에 비취되 어두움이 깨닫지 못하더라(요1:1-5)

2) 참 빛은 예수 그리스도이시다.

- 참 빛 곧 세상에 와서 각 사람에게 비취는 빛이 있었나니 그가 세상에 계셨으며 세상은 그로 말미암아 지은 바 되었으되 세상이 그를 알지 못하였고 자기 땅에 오매 자기 백성이 영접지 아니하였으나 영접하는 자 곧 그 이름을 믿는 자들에게는 하나님의 자녀가 되는 권세를 주셨으니 이는 혈통으로나 육정으로나 사람의 뜻으로 나지 아니하고 오직 하나님께로서 난 자들이니라 말씀이 육신이 되어 우리 가운데 거하시매 우리가 그 영광을 보니 아버지의 독생자의 영광이요 은혜와 진리가 충만하더라(요1:9-14)

- 예수께서 또 일러 가라사대 나는 세상의 빛이니 나를 따르는 자는 어두움에 다니지 아니하고 생명의 빛을 얻으리라 (요8:12)

3) 너희는 세상의 빛이라

- 너희는 세상의 빛이라 산위에 있는 동네가 숨기우지 못할 것이요 사람이 등불을 켜서 말 아래 두지 아니하고 등경 위에 두나니 이러므로 집안 모든 사람에게 비취느니라 이같이

너희 빛을 사람 앞에 비취게 하여 저희로 너희 착한 행실을 보고 하늘에 계신 너희 아버지께 영광을 돌리게 하라(마 5:14-16)

4) 예수님을 바라보자

○ 믿음의 주요 또 온전케 하시는 이인 예수를 바라보자 저는 그 앞에 있는 즐거움을 위하여 십자가를 참으사 부끄러움을 개의치 아니하시더니 하나님 보좌 우편에 앉으셨느니라(히 12:2)

마음의 눈, 신령한 눈, 믿음의 눈, 영안(靈眼)을 크게 뜨고, 참 빛 되시는 믿음의 주요, 또 온전케 하시는 이인 예수님을 바라보고 기도하라.

제19과

두 주인을 섬기지 못하리라

마태복음 6:24-34

한 사람이 두 주인을 섬기지 못할 것이니
혹 이를 미워하며 저를 사랑하거나
혹 이를 중히 여기며 저를 경히 여김이라
너희가 하나님과 재물을 겸하여 섬기지 못하느니라
그러므로 내가 너희에게 이르노니
목숨을 위하여 무엇을 먹을까 무엇을 마실까
몸을 위하여 무엇을 입을까 염려하지 말라
목숨이 음식보다 중하지 아니하며
몸이 의복보다 중하지 아니하냐
공중의 새를 보라 심지도 않고 거두지도 않고
창고에 모아 들이지도 아니하되 너희 천부께서 기르시나니
너희는 이것들보다 귀하지 아니하냐
너희 중에 누가 염려함으로 그 키를 한 자나 더할 수 있느냐
또 너희가 어찌 의복을 위하여 염려하느냐
들의 백합화가 어떻게 자라는가 생각하여 보라
수고도 아니하고 길쌈도 아니하느니라
그러나 내가 너희에게 말하노니
솔로몬의 모든 영광으로도 입은 것이
이 꽃 하나만 같지 못하였느니라

오늘 있다가 내일 아궁이에 던져우는 들풀도
하나님이 이렇게 입히시거든
하물며 너희일까 보냐 믿음이 적은 자들아
그러므로 염려하여 이르기를
무엇을 먹을까 무엇을 마실까 무엇을 입을까 하지 말라
이는 다 이방인들이 구하는 것이라
너희 천부께서 이 모든 것이
너희에게 있어야 할 줄을 아시느니라
너희는 먼저 그의 나라와 그의 의를 구하라
그리하면 이 모든 것을 너희에게 더하시리라
그러므로 내일 일을 위하여 염려하지 말라
내일 일은 내일 염려할 것이요

1. 두 주인은 누구인가?

성경에서는 하나님과 재물을 말한다(마6:24).

2. 왜 한 사람이 두 주인을 섬기지 못하는가?

성경말씀에 사람은 하나님과 재물을 겸하여 섬기지 못한다고 하셨다.

- ○ 혹 이를 미워하며 저를 사랑하거나, 혹 이를 중히 여기며 저를 경히 여김이라 한 사람이 두 주인을 섬기지 못할 것이니 혹 이를 미워하며 저를 사랑하거나 혹 이를 중히 여기며 저를 경히 여김이라 너희가 하나님과 재물을 겸하여 섬기지

못하느니라(마6:24)

3. 왜 우리는 우리의 목숨과 몸을 위하여 염려하지 말아야 하나?(마6:31)

우리는 하나님의 자녀임으로 하나님을 의존하고, 믿음으로 살아야 한다.

1) 목숨을 위하여 : 무엇을 먹을까 염려하지 말라.
   몸을 위하여 : 무엇을 입을까 염려하지 말라.
   목숨이 음식보다 중하고, 몸이 음식보다 중하니라(마6:25).

2) 너희가 염려한다고 목숨을 연장시키고 키를 한 자나 크게 할 수 있느냐?

3) 공중에 나는 새, 들의 백합화, 들풀을 보고 지혜를 배우라.

4) 저들도 하나님께서 키우시는데 하물며, 너희일까 보냐?

- 오늘 있다가 내일 아궁이에 던지우는 들풀도 하나님이 이렇게 입히시거든 하물며 너희일까 보냐 믿음이 적은 자들아 그러므로 염려하여 이르기를 무엇을 먹을까 무엇을 마실까 무엇을 입을까 하지 말라 이는 다 이방인들이 구하는 것이라 너희 천부께서 이 모든 것이 너희에게 있어야 할 줄을 아시느니라(마6:30-32)

4. 염려와 근심은 누가 하는 것인가? (마6:32)

1) 이는 다 믿음이 없는 이방인들이 구하는 것이다.

2) 너희 천부께서 이 모든 것이 너희에게 있어야 할 줄을 아시느니라.

- ○ 이는 다 이방인들이 구하는 것이라 너희 천부께서 이 모든 것이 너희에게 있어야 할 줄을 아시느니라(마6:32)

5. 우리 믿는 자가 먼저 구해야 하는 것은 무엇인가?(마6:33)

1) 먼저 하나님의 나라와 하나님 아버지의 의를 구해야 한다.

2) 그의 나라와 그의 의를 먼저 구하라 그리하면 이 모든 것을 너희에게 더하시리라.

- ○ 너희는 먼저 그의 나라와 그의 의를 구하라 그리하면 이 모든 것을 너희에게 더하시리라(마6:33)

6. 내일 일을 위하여 염려하지 말라고 하신 말씀은 무슨 뜻인가?(마6:34)

"내일 일을 위하여 염려하지 말라. 내일 일은 내일 염려할 것이요 한 날 괴로움은 그날에 족하니라" 하신 말씀의 뜻을 생각해 보자.

1) 우리의 내일 일은 아버지 하나님의 절대 주권 아래에 있다.

2) 우리는 내일 일에 관하여 아무런 권한이 없고 온전히 하나님 아버지께 속한 것이며, 하나님 아버지께서만 아시고 우리는 전혀 알지 못한다.

3) 하나님께서 만일 오늘 나를 부르시면 오늘 세상을 떠나야 할 수밖에 없으므로 내일 일은 내일 생각해야 한다.

4) 우리는 다만 하나님께서 허락하신 시간 안에서 주님의 뜻을 따라, 주님의 영광을 위하여 믿음으로 살아야 할 뿐이다.

5) 우리는 주님의 것이므로 살든지 죽든지 오직 주님만을 위하여 살아야 한다.

○ 우리 중에 누구든지 자기를 위하여 사는 자가 없고 자기를 위하여 죽는 자도 없도다 우리가 살아도 주를 위하여 살고 죽어도 주를 위하여 죽나니 그러므로 사나 죽으나 우리가 주의 것이로라(롬14:7-8)

7. 믿는 자가 먼저 그의 나라와 의를 구하고 믿음으로 사는 길은 무엇인가?

1) 하나님의 말씀과 기도로 우리의 믿음이 장성하도록 힘써야 한다(고전13:11).

2) 우리는 성경말씀과 기도교육을 통하여 믿음이 장성한 사람이 되도록 힘써야 한다.

○ 내가 어렸을 때에는 말하는 것이 어린아이와 같고 깨닫는 것이 어린아이와 같고 생각하는 것이 어린아이와 같다가 장성한 사람이 되어서는 어린아이의 일을 버렸노라(고전13:11)

제20과

남을 비판하지 말라

마태복음 7:1-5

비판을 받지 아니하려거든 비판하지 말라
너희의 비판하는 그 비판으로 너희가 비판을 받을 것이요
너희의 헤아리는 그 헤아림으로
너희가 헤아림을 받을 것이니라
어찌하여 형제의 눈 속에 있는 티는 보고
네 눈 속에 있는 들보는 깨닫지 못하느냐
보라 네 눈 속에 들보가 있는데
어찌하여 형제에게 말하기를
나로 네 눈 속에 있는 티를 빼게 하라 하겠느냐
외식하는 자여 먼저 네 눈 속에서 들보를 빼어라
그 후에야 밝히 보고 형제의 눈 속에서 티를 빼리라

1. 비판을 받지 아니하려거든 남을 비판하지 말라 너희의 비판하는 그 비판으로 너희가 비판을 받을 것이요 너희의 헤아리는 그 헤아림으로 너희가 헤아림을 받을 것이다.

1) '비판'으로 번역된 헬라어 '크리네테'(krinete, judged)는 단순한 정죄나 판단이 아니라 '심판'이라는 강한 의미를 가지고 있다.

2) 남을 비판하는 마음은 그 사람의 잘못을 지적해 주는 호의적인 입장에서의 충고가 아니고, 교만한 마음에서 남을 시기하고 질투하는 마음에서 비롯된 경우이다.

3) 남을 비판하는 자들은 그들의 사악한 마음으로 인해 다른 사람들로부터 비판을 듣게 될 뿐만 아니라 심판 날에 하나님의 심판을 받게 된다.

4) "너희의 헤아리는 그 헤아림으로 너희가 헤아림을 받을 것이니라" 하신 말씀은, "너희가 재는 그 자로 너희도 다시 측정을 받으리라"(킹제임스), "너희가 남을 저울질하는 대로 너희도 저울질을 당할 것이다"(공동번역), "너희가 되질하여 주는 그 되로 너희에게 되어서 주실 것이다"(표준새번역)로 되어있다.

따라서 남에게 비판을 받지 아니하려거든, 남을 비판하지 말라. 너희의 비판하는 그 비판으로 너희가 남에게 비판을 받을 것이며, 너희의 헤아리는 그 헤아림으로 너희가 남에게 헤아림을 받을 것이다.

2. 어찌하여 형제의 눈 속에 있는 티는 보고, 네 눈 속에 있는 들보는 깨닫지 못하느냐?

보라 네 눈 속에 들보가 있는데, 어찌하여 형제에게 말하기를 나로 네 눈 속에 있는 티를 빼게 하라 하겠느냐 외식하는 자여 먼저 네 눈 속에서 들보를 빼어라 그 후에야 밝히 보고 형제의 눈 속에서 티를 빼리라. 그러면 어떻게 내 눈 속에서 먼저 들보를 뺄 수 있을까?

1) 남을 비판하거나 판단하거나 헤아리기 전에, 먼저 내 자신을 살펴보아야 한다.

사람은 누구나 자기 자신의 얼굴을 자기의 눈으로는 직접 볼 수 없다. 자신의 얼굴은 거울이나 사진을 통해서만 볼 수 있다. 그러나 거울에서는 실체의 반대편이 보이고, 사진은 실체의 과거만 볼 수 있다.

2) 자신의 양심으로는 자신의 결점이나 잘못이나, 죄악은 정확히 보지 못한다.

나 자신의 실체의 과거와 현재, 그리고 정확한 나의 모습은 성경 말씀과 기도를 통하여 성령님의 깨우쳐 주심으로만 볼 수 있고 알 수 있다. 자신의 결점과 과오와 죄악은 성경말씀과 기도를 통해서만 볼 수 있다.

3) 자신의 눈에 들보가 있는 것은 성경말씀을 통해서만 알 수 있다. 나 자신에게 남에게 비판이나 판단을 받을 만한 잘못은 없는지 살펴보아야 한다. 하나님의 말씀과 기도로 자신을 먼저 살펴보아야 한다.

4) 어찌하여 형제의 눈 속에 있는 티는 보고 비판을 하면서, 네 눈 속에 있는 들보는 깨닫지 못하느냐? 하나님의 말씀을 통하여 먼저 네 눈 속에서 들보를 빼어라.

5) 외식하는 자여, 네 눈 속에서 먼저 들보를 빼고, 그 후에 밝히 보고, 형제의 눈 속에서 티를 빼어라. 자기에게 허물이 있으면서 남을 비판하거나 판단하거나 헤아리는 자는 외식하는 자이다.

3. 그러면 어떻게 내 눈 속에서 먼저 들보를 뺄 수 있는가?

1) 내 눈 속에서 들보를 빼는 방법은 내가 먼저 하나님 아버지께 '회개'하는 것이다.

내가 참으로 회개하면 하나님 아버지께서 나의 눈 속에서 들보를 빼어 주신다.

2) 내가 하나님 아버지 앞에 참으로 회개하는 길은, 먼저 예수 그리스도를 나의 주, 나의 하나님으로 인정하는 것이다.

내가 죄인이라는 사실을 인정하는 것이다. 이는 내 눈 속에 들보가 있는 것을 인정하는 것이다.

3) 내가 예수 그리스도를 나의 주님, 나의 하나님으로 인정하고, 내가 죄인이라는 사실을 인정하고, 하나님 아버지께 회개할 나의 죄를 기억나게 해달라고 기도하면, 하나님께서 나에게 회개할 죄의 목록들을 기억나게 해 주신다(요16:8).

4) 성령 하나님께서 기억나게 해 주시는 나의 모든 죄들을 하나님 앞에 고백하면, 저는 미쁘시고 의로우사 나의 지난날의 모든 죄악들을 은혜 안에서 사하시고 깨끗케 하시며, 하나님께서는 사하시고 도말하신 나의 모든 죄들을 잊어버리시고 기억도 아니 하신다(요일1:9, 사43:25, 렘31:34,

히10:17-18).

4. 내 눈 속에서 들보를 빼고 난 후에, 어떻게 남의 눈에서 티를 뺄 수 있는가?

1) 내 눈에서 들보를 빼고 난 후에야 밝히 보고 형제의 눈 속에서 티를 뺄 수 있다.

2) 남의 눈에서 티를 빼는 방법은 남을 비판하거나 헤아리거나 정죄하는 것이 아니다

3) 남의 눈 속에 있는 티는 하나님의 방법으로 뽑아야 한다. 그것은 예수 그리스도의 마음으로 이웃을 용서하고, 용납하고, 사랑으로 덮어주는 것이다.

남의 눈 속의 티는 하나님의 사랑(아가페)으로 뽑아야 한다. 하나님의 사랑은 이웃의 모든 허물을 주님 안에서 용서하고, 용납하고, 덮어주고, 잊어버리는 것이다.

- 미움은 다툼을 일으켜도 사랑은 모든 허물을 가리우느니라 (잠10:12)

4) 하나님의 말씀과 기도로 내 눈 속에서 먼저 들보를 뽑아야만, 내 이웃의 눈 속의 티를 사랑으로 용납하고 용서하며 덮어주고 잊어버릴 수 있는 것이다.

제21과

거룩한 것을 개에게 주지 말라

마태복음 7:6

거룩한 것을 개에게 주지 말며
너희 진주를 돼지 앞에 던지지 말라
저희가 그것을 발로 밟고
돌이켜 너희를 찢어 상할까 염려하라

1. 거룩한 것과 진주는 무엇을 의미하는가?

성경에서 거룩한 것은 하나님 아버지를 뜻하며, 하나님께서 임재해 계신 곳, 하나님께서 정하신 날, 하나님께 속한 백성, 하나님께서 택하신 사람, 하나님을 섬기는 제사장의 옷, 성소, 단, 관유 등 하나님께 속한 모든 것은 거룩한 것이다. 특히 하나님의 말씀은 더욱 거룩한 것이다(요1:1).

진주는 값비싼 보석이지만, 지혜는 금보다 진주보다 더욱 귀한 보배이며, 지혜로운 현숙한 여인은 그 값이 진주보다 더하다고 말씀한다(잠31:10). 이러한 지혜(wisdom)와 지식(knowledge)은 여호와를 경외하는 자에게 있다(잠1:7, 9:10).

  1) 거룩한 것 : 내가 거룩하니 너희도 거룩하라(레11:45, 벧전1:16), 거룩한 땅(출3:5, 수5:15), 거룩한 안식일(출16:23, 20:11), 거룩한 백성(출19:6), 거룩한 사람(출22:31), 거룩한 옷(출28:2-4, 35:19), 거룩한 곳(출28:43, 레6:16), 거룩한 단(출29:37), 거룩한 관유(출30:25, 37:29),

  2) 진주 : 지혜(잠3:15, 8:11, 20:15), 현숙한 여인(잠31:10)

  3) 진주보다 귀한 지혜 : 여호와를 경외하는 것(잠1:7, 9:10)

2. 누가 '개'이며, 누가 '돼지'인가?

성경에서 '개'와 '돼지'는 부정한 동물의 대명사로 우월 의식에 사로잡힌 유대인들이 이방인들을 가리킬 때 사용했던 표현들이다. 그러나 여기서는 완악한 유대인들 곧 하나님께 대적하거나 그리스도의 복음사역을 고의적으로 방해하는 자들을 뜻한다.

  1) 이단에 속한 자(딛3:10-11)
  2) 거만한 자, 악인(잠9:7-10)
  3) 미련한 자(잠26:11)
  4) 이방인(마15:26-37, 막7:27-28)
  5) 행악하는 자, 손 할례당(빌3:2)
  6) 술객들, 행음자들, 살인자들, 우상숭배자들, 거짓말을 좋아하며 지어내는 자들(계22:15)

  ○ 이단에 속한 사람을 한두 번 훈계한 후에 멀리 하라 이러한

사람은 네가 아는 바와 같이 부패하여서 스스로 정죄한 자로서 죄를 짓느니라(딛3:10-11)

o 거만한 자를 징계하는 자는 도리어 능욕을 받고 악인을 책망하는 자는 도리어 흠을 잡히느니라 거만한 자를 책망하지 말라 그가 너를 미워할까 두려우니라 지혜 있는 자를 책망하라 그가 너를 사랑하리라 지혜 있는 자에게 교훈을 더하라 그가 더욱 지혜로와질 것이요 의로운 사람을 가르치라 그의 학식이 더하리라 여호와를 경외하는 것이 지혜의 근본이요 거룩하신 자를 아는 것이 명철이니라(잠9:7-10)

o 창기의 번 돈과 개같은 자의 소득은 아무 서원하는 일로든지 네 하나님 여호와의 전에 가져오지 말라 이 둘은 다 네 하나님 여호와께 가증한 것임이니라(신23:18)

o 개들이 나를 에워쌌으며 악한 무리가 나를 둘러 내 수족을 찔렀나이다(시22:16)

o 내 영혼을 칼에서 건지시며 내 유일한 것을 개의 세력에서 구하소서(시22:20)

o 개가 그 토한 것을 도로 먹는 것 같이 미련한 자는 그 미련한 것을 거듭 행하느니라(잠26:11).

o 대답하여 가라사대 자녀의 떡을 취하여 개들에게 던짐이 마땅치 아니하니라 여자가 가로되 주여 옳소이다마는 개들도 제 주인의 상에서 떨어지는 부스러기를 먹나이다 하니(마15:26-27, 막7:27-28)

- 개들을 삼가고 행악하는 자들을 삼가고 손 할례당을 삼가라 (빌3:2)

- 개들과 술객들과 행음자들과 살인자들과 우상 숭배자들과 및 거짓말을 좋아하며 지어내는 자마다 성 밖에 있으리라 (계22:15)

3. 어떻게 지혜로운 자가 될 수 있나?

여호와를 경외함으로 지혜로운 자가 될 수 있다.

- 여호와를 경외하는 것이 지식의 근본이어늘 미련한 자는 지혜와 훈계를 멸시하느니라(잠1:7)

- 여호와를 경외하는 것이 지혜의 근본이요 거룩하신 자를 아는 것이 명철이니라(잠9:10)

4. 어떻게 거룩한 자가 될 수 있나?

하나님의 말씀과 기도로 거룩한 자가 될 수 있다.

- 하나님의 말씀과 기도로 거룩하여짐이니라 네가 이것으로 형제를 깨우치면 그리스도 예수의 선한 일군이 되어 믿음의 말씀과 네가 좇은 선한 교훈으로 양육을 받으리라 망령되고 허탄한 신화를 버리고 오직 경건에 이르기를 연습하라(딤전 4:5-7)

5. 거룩한 것을 개에게 주지 말며, 너희 진주를 돼지 앞에 던지지 말라하신

말씀의 뜻은 무엇인가?

이 세상에는 개들과 같고, 돼지들과 같은 사탄에 속한 무리들이 많으므로 너희가 거룩한 것과 진주와 같은 복음을 전할 때에 저들에게 찢겨 상하지 않도록 기도보다 앞서지 말고, 성령보다 앞서 행하지 말며, 늘 깨어 기도하고 주의하라고 주신 말씀이다.

구하라, 찾으라, 문을 두드리라

마태복음 7:7-12

구하라 그러면 너희에게 주실 것이요
찾으라 그러면 찾을 것이요
문을 두드리라 그러면 너희에게 열릴 것이니
구하는 이마다 얻을 것이요
찾는 이가 찾을 것이요
두드리는 이에게 열릴 것이니라
너희 중에 누가 아들이 떡을 달라 하면 돌을 주며
생선을 달라 하면 뱀을 줄 사람이 있겠느냐
너희가 악한 자라도 좋은 것으로 자식에게 줄줄 알거든
하물며 하늘에 계신 너희 아버지께서
구하는 자에게 좋은 것으로 주시지 않겠느냐
그러므로 무엇이든지 남에게 대접을 받고자 하는대로
너희도 남을 대접하라
이것이 율법이요 선지자니라

1. 예수님께서 가르쳐 주신 기도의 원리는 구하고, 찾고, 문을 두드리라는 것이다.

- 구하라(Ask) : 간구 기도하라.
- 찾으라(Seek) : 말씀 안에서 기도의 응답자를 찾으라.
- 문을 두드리라(Knock) : 응답받는 기도를 하라(Get to work).

왜 "구하라(Ask)"고만 하시지 않고, 구하고(Ask), 찾고(Seek), 문을 두드리라(Knock)고 하셨을까?

1) "구하라 그러면 받을 것이요(Ask and you will be received.)"라고 하시지 않고 "구하라 그러면 주실 것이요(Ask and it will be given to you)"라고 하셨을까?

그 이유는 구하는 것은 나의 임의대로 할 수 있지만, 기도의 응답은 하나님 아버지께서 그분의 뜻대로 하시기 때문이다.

2) 아버지께서는 우리가 구하기 전에 이미 다 알고 계신데, 왜 필요한 것을 알아서 주시지 않고, 우리에게 구하라고 하셨을까?

그 이유는 하나님 아버지께서 우리를 아들로 예우(禮遇)하시고, 인격적으로 사랑하시기 때문이다.

개, 고양이, 새와 같은 동물에게 먹이가 없으면 주인이 묻지 않고 알아서 필요한 것을 주고, 거지가 동냥을 하면 묻지 않고 알아서 도와주지만, 사랑하는 자녀가 구하면 무엇을 원하느냐고 꼭 물어서 자녀가 원하는 것을 준다.

(1) 아들을 동물(개, 고양이, 새)같이 취급하시지 않기 때문이다.
(2) 아들을 거지같이 취급하시지 않기 때문이다.

3) 구해도 받지 못함은 무슨 이유인가?

(1) 나와 하나님 사이에 죄가 있으면 기도가 막힌다.

(2) 정욕으로 쓰려고 잘못 구하면 기도가 막힌다.

○ 그러므로 저희를(이방인들) 본받지 말라 구하기 전에 너희에게 있어야 할 것을 하나님 너희 아버지께서 아시느니라(마6:8)

○ 이는 다 이방인들이 구하는 것이라 너희 천부께서 이 모든 것이 너희에게 있어야 할 줄을 아시느니라(마6:32)

○ 내가 내 마음에 죄악을 품으면 주께서 듣지 아니하시리라(시66:18)

○ 너희가 손을 펼 때에 내가 눈을 가리우고 너희가 많이 기도할지라도 내가 듣지 아니하리니 이는 너희의 손에 피가 가득함이라(사1:15)

○ 여호와의 손이 짧아 구원치 못하심도 아니요 귀가 둔하여 듣지 못하심도 아니라 오직 너희 죄악이 너희와 너희 하나님 사이를 내었고 너희 죄가 그 얼굴을 가리워서 너희를 듣지 않으시게 함이니 이는 너희 손이 피에, 너희 손가락이 죄악에 더러웠으며 너희 입술은 거짓을 말하며 너희 혀는 악독을 발함이라(사59:1-3)

○ 너희 허물이 이러한 일들을 물리쳤고 너희 죄가 너희에게 오는 좋은 것을 막았느니라(렘5:25)

○ 구하여도 받지 못함은 정욕으로 쓰려고 잘못 구함이니라(약

4:3)

2. 찾아라(Seek)

나와 하나님 사이에 막혀있는 죄 문제를 해결하기 위해서는 해결자를 찾아야 한다.

1) 누구를 찾아야 하나?

나의 죄 문제를 해결해 주시는 분, 나의 기도를 응답해 주시는 분은 임마누엘(마1:23)이시고, 포도나무(요15:4-5)이시며, 아버지(요1:12, 롬8:15. 갈4:6)되시는 예수 그리스도이시다.

2) 언제 찾아야 하나?

너희는 여호와를 만날 만한 때에 찾으라, 가까이 계실 때에 그를 부르라.

- 너희는 여호와를 만날 만한 때에 찾으라 가까이 계실 때에 그를 부르라(사55:6)

3) 어디서 찾아야 하나?

성경 말씀 안에서 찾아야 한다.

- 태초에 말씀이 계시니라 이 말씀이 하나님과 함께 계셨으니 이 말씀은 곧 하나님이시니라(요1:1)

- 말씀이 육신이 되어 우리 가운데 거하시매 우리가 그 영광을 보니 아버지의 독생자의 영광이요 은혜와 진리가 충만하

더라(요1:14)

4) 어떻게 찾아야 하나?

기도로 찾아야 한다.
- 너는 내게 부르짖으라 내가 네게 응답하겠고 네가 알지 못하는 크고 비밀한 일을 네게 보이리라(렘33:3)

3. 문을 두드리라(Knock)

기도의 문을 두드려야 한다(get to work).

1) 문은 어디에 있나?

예수 그리스도가 양의 문이며, 기도의 문이다. 예수 그리스도를 두드려야 한다.
- 예수께서 다시 이르시되 내가 진실로 진실로 너희에게 말하노니 나는 양의 문이라(요10:7)

2) 문은 어떻게 두드려야 하나?

예수 그리스도의 문을 두드리는 방법은 내가 예수 그리스도의 문을 여는 것이 아니고, 나의 마음의 문을 여는 것이다. 내 마음의 문을 열면 곧 예수 그리스도를 만날 수 있다. 예수님께서는 이미 나의 문밖에 서서 기다리고 계신다(계3:20).

3) 그러면 어떻게 나의 마음의 문을 열어야 하나?

마음의 문을 여는 방법은 회개하고 주님께 돌아와 주님을 위해 열심히 사는 것이다. 예수님께서는 내가 회개하기 전부터 이미 마음의 문을 두드리고 계셨다. 마음의 문을 열고 회개하면 내 마음에 들어오셔서 나와 함께 먹고 마시며 동거하신다.

- 이에 스스로 돌이켜 가로되 내 아버지에게는 양식이 풍족한 품군이 얼마나 많은고 나는 여기서 주려 죽는구나 내가 일어나 아버지께 가서 이르기를 아버지여 내가 하늘과 아버지께 죄를 얻었사오니 지금부터는 아버지의 아들이라 일컬음을 감당치 못하겠나이다 나를 품군의 하나로 보소서 하리라 하고 이에 일어나서 아버지께로 돌아가니라(눅15:17-20)

- 무릇 내가 사랑하는 자를 책망하여 징계하노니 그러므로 네가 열심을 내라 회개하라 볼지어다 내가 문밖에 서서 두드리노니 누구든지 내 음성을 듣고 문을 열면 내가 그에게로 들어가 그로 더불어 먹고 그는 나로 더불어 먹으리라(계3:19-20)

이와 같이 구하고, 찾고, 문을 두드리면 하나님께서 반드시 응답해 주신다.

제23과

좁은 문으로 들어가라

마태복음 7:13-14

좁은 문으로 들어가라
멸망으로 인도하는 문은 크고
그 길이 넓어 그리로 들어가는 자가 많고
생명으로 인도하는 문은 좁고
길이 협착하여 찾는 이가 적음이니라

1. 좁은 문은 무엇을 의미하는가?

예수님께서 하나님 나라를 말씀하실 때에 좁은 문으로 들어가기를 힘쓰라고 말씀하신다.

- 좁은 문으로 들어가기를 힘쓰라 내가 너희에게 이르노니 들어가기를 구하여도 못하는 자가 많으리라(눅13:24)

- 좁은 문으로 들어가라 멸망으로 인도하는 문은 크고 그 길이 넓어 그리로 들어가는 자가 많고 생명으로 인도하는 문

은 좁고 길이 협착하여 찾는 이가 적음이니라(마7:13-14)

2. 좁은 문(The narrow door)은 어디에 있는가?

  1) 좁은 문은 예수 그리스도이시다(요10:9).

  좁은 문은 예수 그리스도 안에 있는 문이다.

  ○ 내가 문이니 누구든지 나로 말미암아 들어가면 구원을 얻고 또는 들어가며 나오며 꼴을 얻으리라(요10:9)

  2) 생명으로 인도하는 문은 좁은 문이다(마7:14).

  3) 멸망으로 인도하는 문은 넓은 문이다(마7:13).

3. 좁은 문은 어떻게 들어갈 수 있는가?

  1) 좁은 문은 하나님의 은혜로 들어가는 문이다.

  좁은 문은 예수 그리스도이심으로 하나님의 은혜로 들어가는 문이다.

  ○ 너희가 그 은혜를 인하여 믿음으로 말미암아 구원을 얻었나니 이것이 너희에게서 난 것이 아니요 하나님의 선물이라 행위에서 난 것이 아니니 이는 누구든지 자랑치 못하게 함이니라(엡2:8-9)

  2) 좁은 문은 오직 예수 그리스도를 믿음으로 들어가는 문이다.

  좁은 문은 인간의 힘이나, 인간의 노력이나, 인간의 공적(功績)이 아닌, 예수 그리스도를 믿음으로 은혜로 들어가는 문이다.

- 내 안에 거하라 나도 너희 안에 거하리라 가지가 포도나무에 붙어 있지 아니하면 절로 과실을 맺을 수 없음 같이 너희도 내 안에 있지 아니하면 그러하리라 나는 포도나무요 너희는 가지니 저가 내 안에, 내가 저 안에 있으면 이 사람은 과실을 많이 맺나니 나를 떠나서는 너희가 아무것도 할 수 없음이라(요15:4-5)

- 복음에는 하나님의 의가 나타나서 믿음으로 믿음에 이르게 하나니 기록된바 오직 의인은 믿음으로 말미암아 살리라 함과 같으니라(롬1:17)

3) 좁은 문은 하나님의 말씀과 기도로 들어가는 문이다.

좁은 문은 하나님의 말씀과 기도로 거룩하게(聖化)되어 들어가는 문이다.

- 하나님의 말씀과 기도로 거룩하여짐이니라(딤전4:5)

4) 좁은 문은 자기 십자가를 지고 예수님을 따라서 들어가는 문이다.

좁은 문은 자기를 부인하고 자기 십자가를 지고 들어가는 문이다.

- 또 무리에게 이르시되 아무든지 나를 따라 오려거든 자기를 부인하고 날마다 제 십자가를 지고 나를 좇을 것이니라(눅9:23)

- 아비나 어미를 나보다 더 사랑하는 자는 내게 합당치 아니하고 아들이나 딸을 나보다 더 사랑하는 자도 내게 합당치 아니하고 또 자기 십자가를 지고 나를 좇지 않는 자도 내게

합당치 아니하니라(마10:37-38)

5) 좁은 문은 내가 죽어야 들어가는 문이다.

내가 죽는다는 말은, 나는 그리스도 안에서 죽고 내 안에 계신 그리스도로 말미암아 다시 성령 충만하여 사는 삶이다.

- ○ 내가 그리스도와 함께 십자가에 못 박혔나니 그런즉 이제는 내가 산 것이 아니요 오직 내 안에 그리스도께서 사신 것이라 이제 내가 육체 가운데 사는 것은 나를 사랑하사 나를 위하여 자기 몸을 버리신 하나님의 아들을 믿는 믿음 안에서 사는 것이라(갈2:20)

- ○ 형제들아 내가 그리스도 예수 우리 주 안에서 가진 바 너희에게 대한 나의 자랑을 두고 단언하노니 나는 날마다 죽노라(고전15:31)

6) 좁은 문은 약대가 바늘귀로 들어가는 생명의 문이다.

좁은 문은 사람의 공적(功績)이나 사람의 노력(努力)에 의하여 들어가는 문이 아니고, 하나님의 은혜와 성령님의 도우심과 오직 믿음으로 들어가는 문이다.

- ○ 예수께서 제자들에게 이르시되 내가 진실로 너희에게 이르노니 부자는 천국에 들어가기가 어려우니라 다시 너희에게 말하노니 약대가 바늘귀로 들어가는 것이 부자가 하나님의 나라에 들어가는 것보다 쉬우니라 하신대 제자들이 듣고 심히 놀라 가로되 그런즉 누가 구원을 얻을 수 있으리이까 예수께서 저희를 보시며 가라사대 사람으로는 할 수 없으되

하나님으로서는 다 할 수 있느니라(마19:23-26)

o 예수께서 둘러보시고 제자들에게 이르시되 재물이 있는 자는 하나님의 나라에 들어가기가 심히 어렵도다 하시니 제자들이 그 말씀에 놀라는지라 예수께서 다시 대답하여 가라사대 얘들아 하나님의 나라에 들어가기가 어떻게 어려운지 약대가 바늘귀로 나가는 것이 부자가 하나님의 나라에 들어가는 것보다 쉬우니라 하신대 제자들이 심히 놀라 서로 말하되 그런즉 누가 구원을 얻을 수 있는가 하니 예수께서 저희를 보시며 가라사대 사람으로는 할 수 없으되 하나님으로는 그렇지 아니하니 하나님으로서는 다 하실 수 있느니라(막10:23-27)

o 예수께서 저를 보시고 가라사대 재물이 있는 자는 하나님의 나라에 들어가기가 어떻게 어려운지 약대가 바늘귀로 들어가는 것이 부자가 하나님의 나라에 들어가는 것보다 쉬우니라 하신대 듣는 자들이 가로되 그런즉 누가 구원을 얻을 수 있나이까 가라사대 무릇 사람의 할 수 없는 것을 하나님은 하실 수 있느니라(눅18:24-27)

제24과

그의 열매로 그들을 알리라

마태복음 7:15-20

거짓 선지자들을 삼가라
양의 옷을 입고 너희에게 나아오나
속에는 노략질하는 이리라
그의 열매로 그들을 알지니
가시나무에서 포도를, 또는 엉겅퀴에서 무화과를 따겠느냐
이와 같이 좋은 나무마다 아름다운 열매를 맺고
못된 나무가 나쁜 열매를 맺나니
좋은 나무가 나쁜 열매를 맺을 수 없고
못된 나무가 아름다운 열매를 맺을 수 없느니라
아름다운 열매를 맺지 아니하는 나무마다
찍혀 불에 던지우느니라
이러므로 그의 열매로 그들을 알리라

1. 거짓 선지자들은 어떠한 자들인가?

1) 예수님께서는 거짓 선지자들을 "양의 옷을 입고 너희에게

나아오나 속에는 노략질하는 이리"라고 제자들에게 가르치셨다.

2) 이러한 자들은 옛날이나 지금이나 존재하고 있으며, 마태가 복음서를 기록할 당시에는 이단의 색채를 띤 유대주의적이고 영지주의적인 이론으로 성도를 미혹하던 자들을 가리킨다.

3) 거짓 선지자들은 옛날이나 지금이나 하나님의 말씀과 기도로 살지 않는 자들을 말한다. 참된 선지자들은 하나님의 말씀과 기도로 거룩하게 사는 자들이다(딤전4:5).

2. 거짓 선지자들은 어떻게 분변할 수 있는가?

1) 예수 그리스도께서는 "그의 열매로 그들을 알지니 가시나무에서 포도를, 엉겅퀴에서 포도를 따겠느냐"고 말씀하신다.

여기서 가시나무와 엉겅퀴는 거짓 선지자들을 가리키는 말로서 이것들은 포도나 무화과와 같은 아름다운 열매를 맺지 못한다.

2) 좋은 나무와 나쁜 나무의 판단 근거는 "좋은 나무마다 아름다운 열매를 맺고 못된 나무가 나쁜 열매를 맺나니 좋은 나무가 나쁜 열매를 맺을 수 없고 못된 나무가 아름다운 열매를 맺을 수 없느니라"고 말씀하신다.

그 나무의 열매로 판단할 수 있다.

3) 좋은 나무(Good tree)는 좋은 열매(Good fruit)를 맺고, 나쁜 나무(Bad Tree)는 나쁜 열매(Bad fruit)를 맺는다.

좋은 나무는 하나님의 말씀과 기도로 사는 자이고, 나쁜 나무는 하나님의 말씀과 기도로 살지 않는 자들이다.

3. 성경에 나오는 열매에는 어떤 것들이 있나?

성경에 나오는 열매는 빛의 열매, 의(인)의 열매, 입(술)의 열매, 손의 열매, 성령의 열매가 있다.

1) 빛의 열매

 ○ 빛의 열매는 모든 착함과 의로움과 진실함에 있느니라(엡5:9)

2) 의(인)의 열매

 ○ 의인의 열매는 생명나무라 지혜로운 자는 사람을 얻느니라(잠11:30)

 ○ 너희는 의인에게 복이 있으리라 말하라 그들은 그 행위의 열매를 먹을 것임이요(사3:10)

 ○ 예수 그리스도로 말미암아 의의 열매가 가득하여 하나님의 영광과 찬송이 되게 하시기를 구하노라(빌1:11)

3) 입(술)의 열매

 ○ 사람은 입의 열매로 인하여 복록에 족하며 그 손의 행하는 대로 자기가 받느니라(잠12:14)

 ○ 사람은 입의 열매로 인하여 복록을 누리거니와 마음이 궤사한 자는 강포를 당하느니라(잠13:2)

- 사람은 입에서 나오는 열매로 하여 배가 부르게 되나니 곧 그 입술에서 나는 것으로 하여 만족하게 되느니라 죽고 사는 것이 혀의 권세에 달렸나니 혀를 쓰기 좋아하는 자는 그 열매를 먹으리라(잠18:20-21)

- 이러므로 우리가 예수로 말미암아 항상 찬미의 제사를 하나님께 드리자 이는 그 이름을 증거하는 입술의 열매니라(히13:15)

4) 손의 열매

- 그 손의 열매가 그에게로 돌아갈 것이요 그 행한 일을 인하여 성문에서 칭찬을 받으리라(잠31:31)

5) 성령의 열매

- 오직 성령의 열매는 사랑과 희락과 화평과 오래 참음과 자비와 양선과 충성과 온유와 절제니 이같은 것을 금지할 법이 없느니라(갈5:22-23)

4. 아름다운 열매는 어떻게 맺을 수 있나?

아름다운 열매는 하나님의 말씀과 기도로 맺을 수 있다.
- 하나님의 말씀과 기도로 거룩하여짐이니라(딤전4:5)

- 나는 포도나무요 너희는 가지니 저가 내 안에, 내가 저 안에 있으면 이 사람은 과실을 많이 맺나니 나를 떠나서는 너희가 아무것도 할 수 없음이라 사람이 내 안에 거하지 아니하

면 가지처럼 밖에 버리워 말라지나니 사람들이 이것을 모아다가 불에 던져 사르느니라 너희가 내 안에 거하고 내 말이 너희 안에 거하면 무엇이든지 원하는대로 구하라 그리하면 이루리라 너희가 과실을 많이 맺으면 내 아버지께서 영광을 받으실 것이요 너희가 내 제자가 되리라(요15:5-8)

1) "저가 내 안에, 내가 저 안에 있으면" 과실을 많이 맺는다고 하셨다. 이 말씀은 우리가 예수님 안에 거하고, 예수님께서 내 안에 거하시면 과실을 많이 맺는다는 의미이다.

2) "너희가 내 안에 거하고" 하신 말씀은 우리가 그리스도 안에 거하는 것을 말한다. "예수 그리스도 안에 거한다"는 말은 우리가 "성령 충만"한 가운데 사는 것을 말하며 성령 충만한 삶은 기도와 말씀을 통하여 이루어지는 것이다.

3) "내 말이 너희 안에 거하면" 하신 말씀은 우리가 하나님의 말씀을 믿고, 말씀에 순종하며, 말씀 안에서 사는 삶을 말한다.

4) 이와 같이 우리가 기도와 말씀으로 성령 충만하여 예수님 안에 거하고, 하나님의 말씀이 우리 안에 거하면, 우리가 간구할 때에 하나님께서 응답해 주시고, 우리가 과실을 많이 맺게 되며, 아버지 하나님께서 영광을 받으시고, 우리는 예수님의 제자가 된다고 말씀하신다.

5. 아름다운 열매를 맺지 아니하는 나무는 어떻게 되나?

도끼에 찍혀 불에 던지우느니라.

○ 이미 도끼가 나무뿌리에 놓였으니 좋은 열매 맺지 아니하는 나무마다 찍어 불에 던지우리라 나는 너희로 회개케 하기 위하여 물로 세례를 주거니와 내 뒤에 오시는 이는 나보다 능력이 많으시니 나는 그의 신을 들기도 감당치 못하겠노라 그는 성령과 불로 너희에게 세례를 주실 것이요 손에 키를 들고 자기의 타작 마당을 정하게 하사 알곡은 모아 곡간에 들이고 쭉정이는 꺼지지 않는 불에 태우시리라(마3:10-12)

하나님께서는 모든 성도들이 하나님의 말씀과 기도로 거룩하여져서 아름다운 열매, 좋은 열매 곧 성령의 열매 맺기를 원하고 계신다.

제25과

내 아버지의 뜻대로 행하는 자

마태복음 7:21-29

나더러 주여 주여 하는 자마다
천국에 다 들어갈 것이 아니요
다만 하늘에 계신 내 아버지의 뜻대로
행하는 자라야 들어가리라
그 날에 많은 사람이 나더러 이르되
주여 주여 우리가 주의 이름으로 선지자 노릇하며
주의 이름으로 귀신을 쫓아내며
주의 이름으로 많은 권능을 행치 아니하였나이까 하리니
그때에 내가 저희에게 밝히 말하되
내가 너희를 도무지 알지 못하니
불법을 행하는 자들아 내게서 떠나가라 하리라
그러므로 누구든지 나의 이 말을 듣고 행하는 자는
그 집을 반석 위에 지은 지혜로운 사람 같으리니
비가 내리고 창수가 나고 바람이 불어
그 집에 부딪히되 무너지지 아니하나니
이는 주초를 반석 위에 놓은 연고요
나의 이 말을 듣고 행치 아니하는 자는
그 집을 모래 위에 지은 어리석은 사람 같으리니
비가 내리고 창수가 나고 바람이 불어

그 집에 부딪히매 무너져 그 무너짐이 심하니라
예수께서 이 말씀을 마치시매
무리들이 그 가르치심에 놀래니라
이는 그 가르치시는 것이 권세 있는 자와 같고
저희 서기관들과 같지 아니함 일러라

1. 천국에 들어갈 수 있는 자는 누구인가?

1) 하늘에 계신 내 아버지의 뜻대로 행하는 자

2) 나의 이 말을 듣고 행하는 자라야 천국에 들어간다.

○ 예수 그리스도께서는 나더러 주여 주여 하는 자마다 천국에 다 들어갈 것이 아니요 다만 하늘에 계신 내 아버지의 뜻대로 행하는 자라야 들어가리라(마7:21)

○ 그 날에 많은 사람이 나더러 이르되 주여 주여 우리가 주의 이름으로 선지자 노릇하며 주의 이름으로 귀신을 쫓아내며 주의 이름으로 많은 권능을 행치 아니하였나이까 하리니 그 때에 내가 저희에게 밝히 말하되 내가 너희를 도무지 알지 못하니 불법을 행하는 자들아 내게서 떠나가라 하리라(마 7:22-23)

2. 많은 사람들이 예수님께 와서 한 말은 무엇인가?

1) 주의 이름으로 선지자 노릇을 하고

2) 주의 이름으로 귀신을 쫓아내고

3) 주의 이름으로 많은 권능을 행했다

3. 예수님께서 밝히 하신 말씀은 무엇인가?

1) 내가 너희를 도무지 알지 못하니

2) 불법을 행하는 자들아

3) 내게서 떠나가라

그러므로 누구든지 나의 이 말을 듣고 행하는 자라야 천국에 들어가느니라 하셨다.

4. 하늘에 계신 아버지의 뜻대로 행하는 자는 어떤 사람인가?

1) 믿음으로 사는 사람이다.

○ 이와 같이 이 소자 중에 하나라도 잃어지는 것은 하늘에 계신 너희 아버지의 뜻이 아니니라(마18:14)

○ 나를 보내신 이의 뜻을 행하려함이니라 나를 보내신 이의 뜻은 내게 주신 자 중에 내가 하나도 잃어버리지 아니하고 마지막 날에 다시 살리는 이것이니라 내 아버지의 뜻은 아들을 보고 믿는 자마다 영생을 얻는 이것이니 마지막 날에 내가 이를 다시 살리라 하시니라(요6:39-40)

○ 복음에는 하나님의 의가 나타나서 믿음으로 믿음에 이르게 하나니 기록된 바 오직 의인은 믿음으로 말미암아 살리라 함과 같으니라(롬1:17)

2) 거룩하게 사는 사람이다.

- 하나님의 뜻은 이것이니 너희의 거룩함이라 곧 음란을 버리고 각각 거룩함과 존귀함으로 자기의 아내 취할 줄을 알고 하나님을 모르는 이방인과 같이 색욕을 좇지 말고 이 일에 분수를 넘어서 형제를 해하지 말라 이는 우리가 너희에게 미리 말하고 증거한 것과 같이 이 모든 일에 주께서 신원하여 주심이니라 하나님이 우리를 부르심은 부정케 하심이 아니요 거룩케 하심이니 그러므로 저버리는 자는 사람을 저버림이 아니요 너희에게 그의 성령을 주신 하나님을 저버림이니라(살전4:3-8)

- 오직 너희를 부르신 거룩한 자처럼 너희도 모든 행실에 거룩한 자가 되라 기록하였으되 내가 거룩하니 너희도 거룩할지어다 하셨느니라(벧전1:15-16)

- 하나님의 말씀과 기도로 거룩하게 되느니라(딤전4:5)

3) 항상 기뻐하고, 쉬지 말고 기도하며, 범사에 감사하는 사람이다.

- 항상 기뻐하라 쉬지 말고 기도하라 범사에 감사하라 이는 그리스도 예수 안에서 너희를 향하신 하나님의 뜻이니라(살전5:16-18)

4) 하나님의 말씀을 듣고 행하는 자이다.

- 내 형제들아 만일 사람이 믿음이 있노라 하고 행함이 없으면 무슨 이익이 있으리요 그 믿음이 능히 자기를 구원하겠

느냐 만일 형제나 자매가 헐벗고 일용할 양식이 없는데 너희 중에 누구든지 그에게 이르되 평안히 가라, 더웁게 하라, 배부르게 하라 하며 그 몸에 쓸 것을 주지 아니하면 무슨 이익이 있으리요 이와 같이 행함이 없는 믿음은 그 자체가 죽은 것이라(약2:14-17)

o 그러므로 누구든지 나의 이 말을 듣고 행하는 자는 그 집을 반석 위에 지은 지혜로운 사람 같으리니 비가 내리고 창수가 나고 바람이 불어 그 집에 부딪히되 무너지지 아니하나니 이는 주초를 반석 위에 놓은 연고요 나의 이 말을 듣고 행치 아니하는 자는 그 집을 모래 위에 지은 어리석은 사람 같으리니 비가 내리고 창수가 나고 바람이 불어 그 집에 부딪히매 무너져 그 무너짐이 심하니라(마7:24-27)

o 나더러 주여 주여 하는 자마다 천국에 다 들어갈 것이 아니요 다만 하늘에 계신 내 아버지의 뜻대로 행하는 자라야 들어가리라(마7:21)

o 내가 하늘로서 내려온 것은 내 뜻을 행하려 함이 아니요 나를 보내신 이의 뜻을 행하려 함이니라 나를 보내신 이의 뜻은 내게 주신 자 중에 내가 하나도 잃어버리지 아니하고 마지막 날에 다시 살리는 이것이니라 내 아버지의 뜻은 아들을 보고 믿는 자마다 영생을 얻는 이것이니 마지막 날에 내가 이를 다시 살리리라 하시니라(요6:38-40)

(1) 하늘에 계신 아버지의 뜻대로 사는 자는 누구인가?
　가. 예수 그리스도께서 주신 말씀을 듣고 행하며, 믿음으로

사는 사람이다.

나. 믿음으로 사는 자는 하나님의 말씀과 기도로 거룩하게 사는 사람이다.

다. 거룩하게 사는 자는 자기의 마음과 몸과 삶과 가정을 거룩하게 지키는 사람이다.

라. 하나님을 경외하고, 하나님을 의존하며, 하나님께 순종하며 사는 사람이다.

마. 믿음으로 사는 자는 입으로만 주여 주여 하는 자가 아니요, 그의 삶으로 마음을 다하고 성품을 다하고 뜻을 다하고 힘을 다하여 하나님을 사랑하는 사람이며, 이웃을 내 몸 같이 사랑하며 사는 사람이다.

(2) 누가 그 집을 반석 위에 지은 지혜로운 자인가?

예수님의 말씀을 듣고 행하는 자이다.

○ 그러므로 누구든지 나의 이 말을 듣고 행하는 자는 그 집을 반석 위에 지은 지혜로운 사람 같으리니(마7:24)

가. 이 반석은 무엇을 의미하는가?

이 반석은 예수 그리스도이시다.

○ 형제들아 너희가 알지 못하기를 내가 원치 아니하노니 우리 조상들이 다 구름 아래 있고 바다 가운데로 지나며 모세에게 속하여 다 구름과 바다에서 세례를 받고 다 같은 신령한 식물을 먹으며 다 같은 신령한 음료를 마셨으니 이는 저희

를 따르는 신령한 반석으로부터 마셨으매 그 반석은 곧 그리스도시라(고전10:1-4)

나. 그리스도이신 반석 위에 무엇을 세워야 하나?
 가) 반석 위에 나의 믿음을 세워야 한다.
 나) 반석 위에 나의 가정을 세워야 한다.
 다) 반석 위에 나의 교회를 세워야 한다.

다. 그리스도이신 반석 위에 어떻게 세워야 하나?
 가) 하나님의 말씀과 기도로 세워야 한다.
 나) 하나님의 말씀을 읽고, 듣고, 행하는 사람(기도하는 자)이 되어야 한다.
 다) 하나님의 말씀을 먹고, 묵상하고, 말씀에 순종하며, 말씀 안에서 살아야 한다.

○ 그가 또 내게 이르시되 인자야 너는 받는 것을 먹으라 너는 이 두루마리를 먹고 가서 이스라엘 족속에게 고하라 하시기로 내가 입을 벌리니 그가 그 두루마리를 내게 먹이시며 내게 이르시되 인자야 내가 네게 주는 이 두루마리로 네 배에 넣으며 네 창자에 채우라 하시기에 내가 먹으니 그것이 내 입에서 달기가 꿀 같더라(겔3:1-3)

○ 그러므로 믿음은 들음에서 나며 들음은 그리스도의 말씀으로 말미암았느니라(롬10:17)

○ 청년이 무엇으로 그 행실을 깨끗케 하리이까 주의 말씀을 따라 삼갈 것이니이다(시119:9)

○ 방백들도 앉아 나를 훼방하였사오나 주의 종은 주의 율례를

묵상하였나이다(시119:23)

라. 그리스도이신 반석 위에 언제 세워야 하나?
지금, 즉시 세워야 한다(Now is the time to build).

○ 여호와께서 너의 출입을 지금부터 영원까지 지키시리로다
(시121:8)

○ 내가 은혜 베풀 때에 너를 듣고 구원의 날에 너를 도왔다 하셨으니 보라 지금은 은혜 받을 만한 때요 보라 지금은 구원의 날이로다(고후6:2)

○ 그러므로 누구든지 나의 이 말을 듣고 행하는 자는 그 집을 반석 위에 지은 지혜로운 사람 같으리니 비가 내리고 창수가 나고 바람이 불어 그 집에 부딪히되 무너지지 아니하나니 이는 주초를 반석 위에 놓은 연고요 나의 이 말을 듣고 행치 아니하는 자는 그 집을 모래 위에 지은 어리석은 사람 같으리니 비가 내리고 창수가 나고 바람이 불어 그 집에 부딪히매 무너져 그 무너짐이 심하니라(마7:24-27)

예수님께서 말씀하시되, 하늘에 계신 내 아버지의 뜻대로 행하는 자 그리고 예수님의 말씀을 듣고 행하는 자가 되어야 천국에 들어갈 수 있다고 하신다.

이와 같이 살기 위해서는 나는 매일 죽고 그리스도 안에서 성령 충만하여 믿음으로 살아야 한다.

매일 성경말씀을 통독하는 것과 기도하는 생활은 믿음생활의 필수적인 요소이다. 말씀중심, 기도중심으로 하나님의 영광을 위하여 거룩하게 살아야 한다.

예수님께서는 산상수훈을 통하여 제자들에게 신앙생활에 있어서 가장 중요한 기본적인 말씀을 주셨다. 특히 산상수훈은 말씀을 통한 예수님의 기도교육이라고 할 수 있다.

"예수께서 이 말씀을 마치시매 무리들이 그 가르치심에 놀래니 이는 그 가르치시는 것이 권세 있는 자와 같고 저희 서기관들과 같지 아니함일러라"(마7:28-29).

산상수훈을 통한
예수님의 기도교육

저자 · 김 정 복

2012년 6월 20일 인쇄
2012년 6월 25일 발행

발행인 · 권 명 달
발행처 · 보이스사

출판등록 · 1966년 2월 23일 · 제 2-160호
우편번호 157-016
서울특별시 강서구 화곡6동 1120-13 한소빌딩
Tel. (02)2697-1122 · Fax (02)2605-2433
E-mail : voice68@hitel.net

값 12,000원

ISBN 978-89-504-0436-9

ⓒ 판권 소유

※ 이 책은 일부분이라도 발행인의 허락없이는
무단복제 할 수 없습니다.

Printed in Korea

김정복 목사 연락처

WMC 기도학교 (WMC School of Prayer)
Rev. Dr. Chung Bok Kim (김정복 목사)
12739 Hartland St. N. Holly wood, CA 91605
(818)765-7517, (213)500-0962 (Cell)
E-Mail : wmcprayer@yahoo.com / Website : www.wmcprayer.org